コストダウンは社長の仕事！

売上げアップが厳しいこの時代、
経営者が知っておくべき
生き残る知恵

吉村末男
Sueo Yoshimura
株式会社TSK
総合企画室代表取締役

現代書林

はじめに

中小企業の多くはいま、売上げや利益を上げることに四苦八苦しています。経済は長年にわたって低成長が続き、今後も社会構造的に、かつてのような右肩上がりの成長は望めません。もちろんデフレから脱却できずにいる現在、値上げは困難ですから、利益を確保、あるいは伸ばそうとすれば、その一番の方法は「コストダウン」ということになります。

しかし、経営者からは、「コストダウンはもうギリギリまでやっている」という悲鳴のような声が洩れてきているのも事実です。

でも、それは本当でしょうか？　50年以上にわたって食品工場に関わってきた私の眼からは、業務改善によってコストダウンできる余地はまだまだあるように見えるのです。「コストダウン」というとマイナスイメージで捉えられ、経営者や従業員が取り組む際のモチベーションは低くなりがちです。しかし、そうではありません。業務改善によってコストダウンができれば、その一部を従業員の給料に振り向けることも可能になります。そうすれば、従業員の士気が高まって、より生産性が上がるなど、結果としてその会社にプラス作用がもたらされることになるのです。

私は現在、食品関係のコンサルティングを行っています。食品工場の生産効率化、品質管理、設備合理化、レイアウト設計、新商品開発、収益改善経営の合理化、機械のメンテナンス、購買交渉、物流の合理化、営業プレゼン資料の作成など、サポートする業務分野は多岐にわたります。

もともと中学校を卒業したばかりの15歳で、大手の食品会社に就職。以後25年、マヨネーズ製造、割卵《かつらん》（鶏卵の殻を割り卵黄、卵白、卵殻を分離する作業）、設備関連と、その大半を技術畑で過ごしました。

その間、約70人の従業員を抱える割卵係、同じく約50人の業務用係、約40人の冷凍食品係の3つの現場では、統括として勤務。学歴のない私にとっては、死に物狂いの勉強の日々でした。

40歳のときに同社を退職、やはり食品関係の日本の大手鶏卵メーカーに移り、購買、物流、製造、加工の各部門統括を担当。工場の合理化、新工場の立ち上げ、加工食品やデリカの製造、農場建設、営業など、20年間にわたって幅広い経験を積み重ね、最終的には役員として会社全体の経営も見てきました。

最初の会社と合わせれば通算45年、無遅刻無欠勤を通したサラリーマン生活も2008年に定年を迎え、それを機にコンサルタントとして独立。67歳の現在まで、卵を軸とする食品業界一筋に歩み、「筋金入りの現場主義を貫いてきた」と自負しています。


経営環境が厳しいのは、どの業界、どの企業も同じです。卵業界においても、とにかく知恵を絞って業務の改善策を打ち出すことが求められています。

たとえば、卵関連のある食品会社は「なんとか競合他社との競争に打ち勝ちたい」と、私にコンサルティングを求めてきました。そこでまず、私がお話ししたのは「工場業務の改善」の必要性です。生産性の向上、ロスの削減、資材のコストダウンなどの合理化を徹底的に追究すると共に、品質向上、クレーム撲滅などに取り組んでいかなければならないと訴えました。

具体的には、次のような数字を挙げて説明しました。たとえば、機械の稼働率についてです。

●卵工場の業務改善で、第一に考えるべきことは機械の稼働率アップ。
機械稼働率は〈機械フル製造能力×稼働時間＝総製造量〉↓〈実出来高÷総製造量×100〉で求められる。

では、機械稼働率の目標を90％と設定した場合、製造量の実態はどうか？　その結果によっては、生産性の改善が必要となる。
●フル製造能力が卵3万個の機械の場合、1日7・5時間稼働として、総製造量は〈3万個×7・5時間＝22万5000個〉で、機械稼働率の目標90％を達成するには20万2500個の製造量が必要になる。これが実際に達成できているかどうか、検証する。
●次に、能率という観点から見る。たとえば、当該機械の適正人員が10人だとすれば、1日の総労働時間は機械の稼働時間と合わせ〈7・5時間×10人＝75時間〉となる。卵1個の重さを平均の64gと仮定して稼働率90％の製造量20万2500個を重量換算すると、〈20万2500個×64g＝12t960kg〉で、機械人員10人の1時間当たりの目標生産量は〈12t960kg÷75時間＝172・8kg〉となる。
この目標値に実製造量が達していなければ生産性が低く、さらに実際の機械人員が11人以上になっていれば能率が悪いと判断され、いずれにしても合理化が必要になる。

これはほんの一部にすぎませんが、私が提案したいのは抽象的な言葉を並べただけの絵空事ではありません。すべて現場で起きている事実に基づき、具体的な数字を挙げて分析し、導き出された改善策に、従業員と一体となって取り組んでいただくための方策です。

本書を手に取られたあなたの会社の場合はいま、どのような状況で、どのような対策を実行しようとしているのでしょうか。コストダウンをはじめとする業務改善を図っていくには、まず現状や原因を細かく分析することが不可欠です。

こうしたさまざまな問題を解決する際に、私は次のような物事の捉え方をするようにしています。詳しくは本文で述べていきますが、とりあえず項目だけでも頭の片隅に入れておいてください。

①まず目標を決めること。これが第一。
②問題だと思われることを見逃さないで、すべて机上に並べる。
③問題は、しつこく細分化を繰り返していくことで解決の糸口は見えてくる。

④すべて数字化することで目標が達成され、コストダウンは可能になる。
⑤機械稼働率向上、歩留まりアップ、ロス軽減は有機的につながっている。
⑥ラインの従業員の意識向上と実行によって、改善は達成される。
⑦正しく考え、努力を惜しまず、継続することで成果は出る。
⑧小さなクレームや事故の対策をないがしろにすると、莫大なコスト増を招く。
⑨社会、経済における出来事も、コスト意識をもって考えることが役立つ。

私は提案の際、よく次のような「頭の体操」の話をします。

「ここに、同じ形のボールが9個あります。そのうち1個だけ、重いボールが混ざっています。天秤を使って何回で、この重いボールが見つけられるか、考えてみましょう」

大きさは同じで、見た目どれが重いかわかりません。できるだけ少ない回数で測って見つけることが大切です。つまり、省力化です。業務改善も頭を柔軟にすることで、かなりのことが実現できるのです。

ちなみに、この「頭の体操」の答えは29ページにあります。考え方と共に述べておきましたので、あなたも試してみてください。

本書は、私がこれまで卵業界で培ってきた現場主義に基づく考え方や手法を述べたものです。とくに体系的な理論の展開を意図しているものではありません。あくまで食品工場はもちろん、各業界にも共通する応用可能な業務改善のヒントになれば、という思いで書きました。

あなたの会社での取り組みに、少しでもお役に立てていただけることがあれば、著者としてこんなに嬉しいことはありません。

大変な時代ですが、限られた経営資源を有効に活用することで、この難局を何が何でも力強く乗り切っていきましょう。

目次

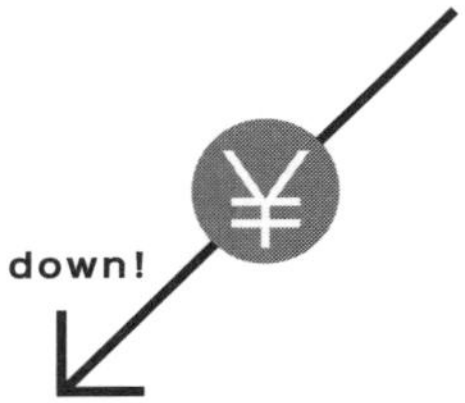

第1章

売上げアップが厳しい時代、経営者は何をすべきか？

down!

第2章

経営者なら知らないと困るコストダウンの手法〈Ⅰ〉

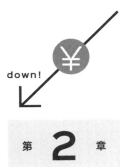

第3章

経営者なら知らないと困るコストダウンの手法〈Ⅱ〉

第4章

コストダウンを3ヵ月で達成するための鉄則

down!

第5章

経営者なら知らないと困るリスクマネジメント

down!

付章

付加価値商品の開発が会社の未来を切り拓く

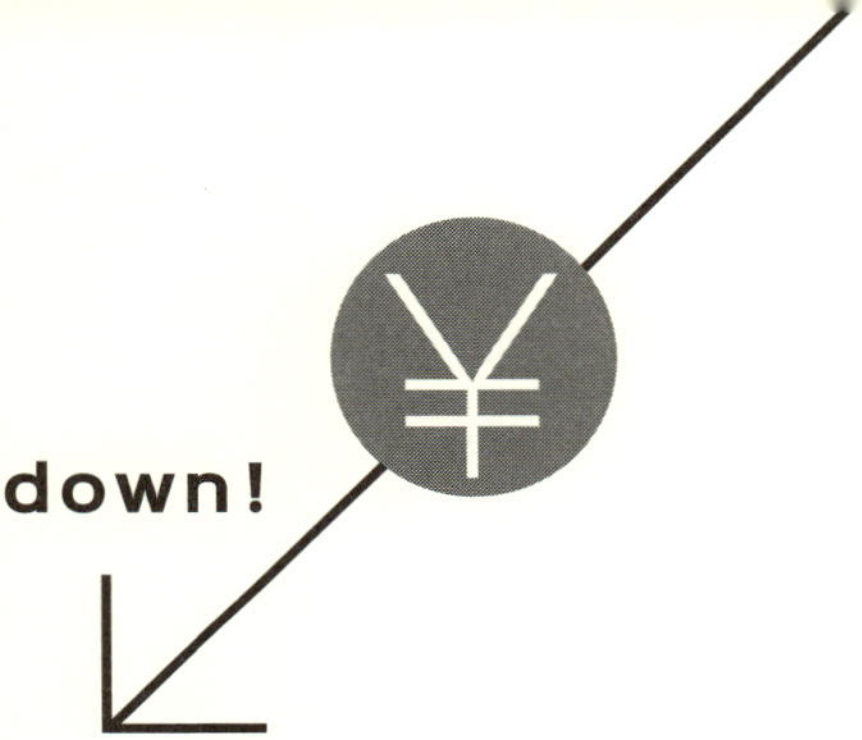

第1章

売上げアップが厳しい時代、経営者は何をすべきか？

意欲と結束力で改善は一気に進む

業務改善によるコストダウンは、経営者が先頭に立って決めるべきことをきちんと決め、従業員に具体的な指示を出して行わなければ、思うような効果は絶対に出せません。私がコンサルティングする会社は、皆さんどこも経営を立て直したいという強い願いでは一緒です。ところが、実際に改善に取り組んでも、上手くいく会社とそうではない会社に、残念ながら分かれてしまうのです。

なぜでしょうか？　一番の原因は、上手くいく会社の場合は経営者が改善活動に前向きに参画するのに対し、上手くいかない会社の場合は経営者が部下に任せてしまって、必要な意思決定から逃れてしまうからです。結局、業務改善には、経営者の強い意欲によって引き出される従業員の結束力が不可欠なのです。

業務改善によって無駄やロスが廃され、その結果としてコストダウンや品質向上、生産効率アップが図られていきます。したがって、まず業務上の無駄やロスなどの問題点を発見することが第一で、そこが業務改善のスタートになります。

業務の改善

●業務において、より良い結果を出すために、常に——

①その方法を考え

②ベストを尽くし行動する

業務改善の留意点

①原因の発見（すべての原因の細分化を図る）

②改善案をつくる

③上司に相談する

④実行すると決まれば、徹底した行動をとる

失敗を恐れないこと！

その問題点の発見は、難しいことではありません。生産ラインに携わる従業員たちが問題意識をもって仕事に取り組み、おかしいと感じたり、異常だと思ったりしたことをすぐ、上に報告するという体制が整えられていれば可能です。

ところが、現実にはそのような仕組みが確立されている組織が多いとはいえません。ですから、改善活動では、仕組みや体制をどう整え、風通しの良い企業風土をいかに構築していくかということも重要になるのです。

見つかった問題点や日々のデータを基に、現状分析を行います。社内には至る所にデータとなる材料があります。ないと言うならば、

探す意欲と探し方に問題があるのではないでしょうか。

現状分析では、問題点を抽出し、細分化して見ていきます。細かく、細かく分析し、根気よく問題点を探っていけば、必ずヒントが見つかり、解決策やその課題は見出せるのです。細分化は、私自身が20歳代から実行してきたことで、問題解決法としてはこれ以外にはないと思っているくらいです。

課題は当然、会社ごとに異なり、機械稼働率の向上や歩留まり改善、資材のコストダウンなどさまざまな項目がありますので、取り組む優先順位も大きなポイントになります。課題に取り組んで上手く実行できれば、できた理由を考え、定着化させ、良いところはもっと伸ばしていくようにします。実行できなかった場合は、なぜできなかったのか、その理由を追求するようにします。

ただ、実行できなかった本当の原因が、「やれない理由をつくっていたため」ということは往々にしてあります。これに対して、実行できた理由は「やれない理由をつくらなかったため」が案外多いのです。要するに、問われるのは、前述したように経営者から従業員までが一体となって問題解決に取り組もうとする、意欲と結束力があるかないかなのです。皆が真剣に取り組めば、改善は間違いなく一気に進みます。

諦めない精神と共通言語「数値」化の重要性

貪欲に課題に取り組むことでしか、改善は進みません。「継続は力なり」なのです。たとえば、前に問題があったら上に報告する体制が不可欠だと述べましたが、「報連相《ほうれんそう》」（報告、連絡、相談）が日々、有効に活用されている会社は、業務に無駄がなく、それだけ改善活動もスムーズに展開されていきます。忘れてはならないのは、日々の積み上げとして、常に問題意識をもって行動しなければならないということです。

立てた改善目標は、決して途中で諦めず、年度内には必ず達成するようにしなければなりません。そして、諦めない精神を培うのは、日々の積み上げしかないのです。

問題を解決するには、必ず数値化するようにします。数字から逃げてはいけません。さまざまな人と話し合う場合も、数字は「共通言語」としてお互いの意思疎通に非常に大きな役割を果たします。

数字が介在しないと、同じイメージを正確に共有することが困難になり、相手に納得してもらうこともできません。「頑張ろう」「できないはずはない」などと掛け声だけで話し

「報《ほう》・連《れん》・相《そう》」とは？

報告　指示した相手に、仕事の状況、結果をきちんと伝える

①事前報告
②中間報告
③事後報告
→ 段階ごとに、報告する

▶報告のポイント

①事実をありのままに伝える
②結果から述べる
→これが非常に難しい

連絡　必要なときに、必要な内容を、必要な人にきちんと伝える

▶連絡のポイント

①発信者の言葉を変えずに伝え、自分の解釈を入れない
②発信者の意図を正しく理解して、伝える
③誰からの連絡で、誰に、いつまでに伝えるのかを明確にする

相談　仕事上の問題が起きたとき、これを解決するために行う

▶相談のポイント

①まず、上司に相談する
②相談したいことを、正確に伝える
③アドバイスを積極的に聞く
④相談する時間をつくってもらう

合っていても、必ず誤解を招いて、目標達成は不可能になります。

改善はまず、現実の数字を正しく把握することから始まります。

そして、達成目標とそのための達成期間を決めるのです。工期もなくて、業務がスピーディに進むわけがありません。遅い、遅いと悩むのは、工期が定まっておらず、報連相がうまく機能していないからです。

達成目標を立てる際、注意しなければならないことは第1目標、第2目標をつくり、いきなり高い目標を掲げないことです。スタートダッシュが肝心なのに、いきなりできもしない目標の壁に立ち塞がれては、意欲がしぼんでしまうというものです。


繰り返しますが、どんな事柄も、状況を細かく分解して分析していけば、その対策が必ず浮かび上がってきます。ヒントも対策も答えも顔を出してくれないというなら、それは細分化の仕方が足りないのではないでしょうか。

しつこく細分化していく——これが、私が53年間にわたる現場で学んだ問題への対処法の極意であり、あらゆる問題解決においても同様だということです。

会社に勤めていたころ、経営コンサルタントが述べる机上の空論に、「じゃあ、あなたがそれをやってみたら！」という疑問を常に抱いていました。しかし独立してからは、そんなことを思っている暇はありません。まさに自分で考え、とにかく問題を自らの力で解決するために取り組んでいくしかないからです。

私は、15歳から現場で働いてきた肌感覚、すなわち「現場主義」を大切にしています。たとえばコンサルティング先の会社の状況を把握するためには、まずは工場を巡回して歩きます。その際、とくにパート従業員と身近に接するようにしています。現場、とりわけその末端にこそ情報収集のための「宝の山」があるからです。

1年間で2億円のコストダウンに成功したこともあれば、5億円の累積赤字を4年でゼロにしたこともあります。苦難の時代を生き抜く経営者に、現場で培った私流の考え方を少しでもお伝えしたいという思いで、いまいっぱいです。

皆が同じレベルで問題意識を共有する

「まえがき」でも書きましたが、私は大手食品会社、鶏卵生産会社を経て、現在は食品関係のコンサルティングを行っています。食品会社では鶏卵加工の各部門を担当し、鶏卵生産会社では全工場のトップとして購買、物流、製造、加工の各部門を統括してきました。

確かに、扱ってきたのは食品としての卵ですが、そこで培ってきたノウハウは、食品工場はもとより、さまざまな業種の工場や経営現場で、コストダウンをはじめとする業務改善に活用していただけるものと信じています。

本書では、卵について細かく分析したり、卵工場の数字が登場したりしますが、自社の商品や自社工場のケースに置き換えて考えていただければ幸いです。そこには必ず、あなたの会社に役立つヒントが隠れているはずです。

たとえば、卵の世界でよくあるのが、機械は回っていても、機械への卵の供給がどうしても滞ってしまうということです。それが、機械の稼働率低下の大きな原因になっています。「そんな簡単なこと」と思われるかもしれませんが、意外にまだよく理解されていません。工程間で生じている生産性のバラツキが、多大なロスと時間の無駄を招いているのです。

卵を機械に流していくとき、間隔がすべて詰まっていれば、生産効率は１００％になります。しかし、供給の準備ができていなかったり、供給のタイミングが遅れたりすると、

完全に自動化された割卵機（共和機械製QK-660）

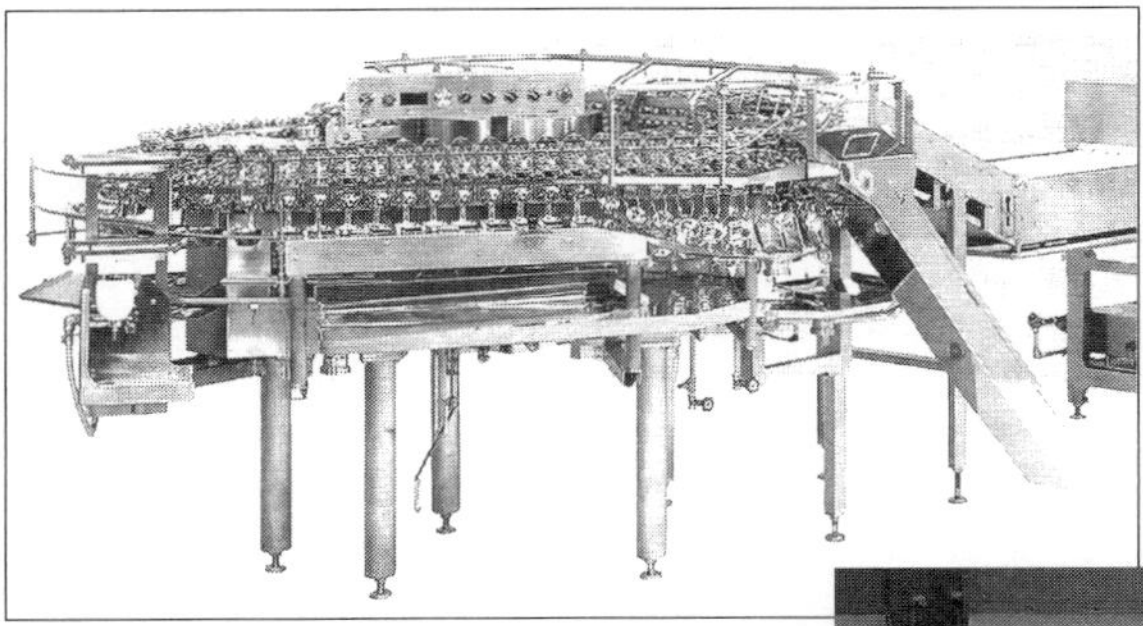

▶洗浄槽では、写真のように「歯抜けなし」の状態で卵が供給されれば、稼働率100％

間が空いてしまい、機械が空打ちしてしまいます。私が勤務していた大手食品会社では、間がポンポン抜けるので「歯抜け」と呼んでいました。

割卵機《かつらんき》（鶏卵を割って、卵黄、卵白、卵殻に分別する自動化機械）でも同じです。卵が全部詰まって流れていき、効率よくきれいに割られていくのが理想です。しかし、卵の準備ができておらず、卵を投入するタイミングが外れると、ドーンと空打ちになる。その結果、割卵できない卵が出てきて、歩留まりが悪くなるのです。

割卵の場合、工程としてまず洗卵槽（卵の商品化ラインで、最初に洗浄ブラッシングする場所）に卵を入れます。次々とたくさん入れればいいというわけではなく、適正な量を入れます。水際で整然と回っているように入れると、卵は1個も抜けずにきれいにブラシされ、割卵できます。ところが、卵を洗卵槽に入れすぎると、卵同士がケンカをして間が抜けてしまい、中で割れてしまうのです。

ちなみに、その状況は写真で撮ったりすると一目瞭然でわかります。

こうした機械以前のヒューマンエラーの問題は、従業員の意識改革で、いくらでも改善できます。上に立つ人たちの意識改革はもちろん、パートやアルバイトの人たちも含めた従業員一人一人の意識改革が大切なのです。皆が同じレベルで問題意識を共有して取り組

割卵洗浄槽の割れ調査

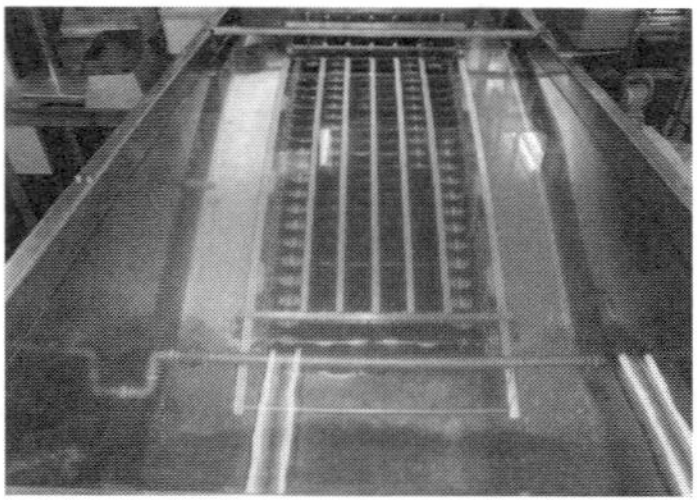

標準

大量の割れ→歩留まり悪化

非常に良い状態

めば、必ず歩留まりの向上などにもつながっていきます。

俯瞰《ふかん》せよ！　角度を変えて観察せよ！

長年、同じパターンで働いていると、第三者が客観的に見て異常に思えることでも、自分たちはそのことになかなか気づけないものです。

しかし、見方の角度をちょっと変え——たとえば上から俯瞰したり、左右から見たり、いつもとは距離を変えたりして見てみれば、必ず「あれっ?」と首をかしげることが出てくるはずです。それを見逃さずにきちんと分析すれば、改善のヒントとなったり、ダイレクトに改善につなげることができたりします。

大手の会社などはきちんとした生産管理の仕組みが出来上がっていて、何も問題がないように思われがちですが、決してそうではありません。一つの考え方に囚われて、問題が見えなくなってしまっているということは多々あります。柔軟な発想が失われ、見逃している問題点は少なくないのです。

いや会社の規模が大きく、関わる人数が多いほど、「目は節穴になりがち」というのが

天秤を使って重いボールを見つける「頭の体操」

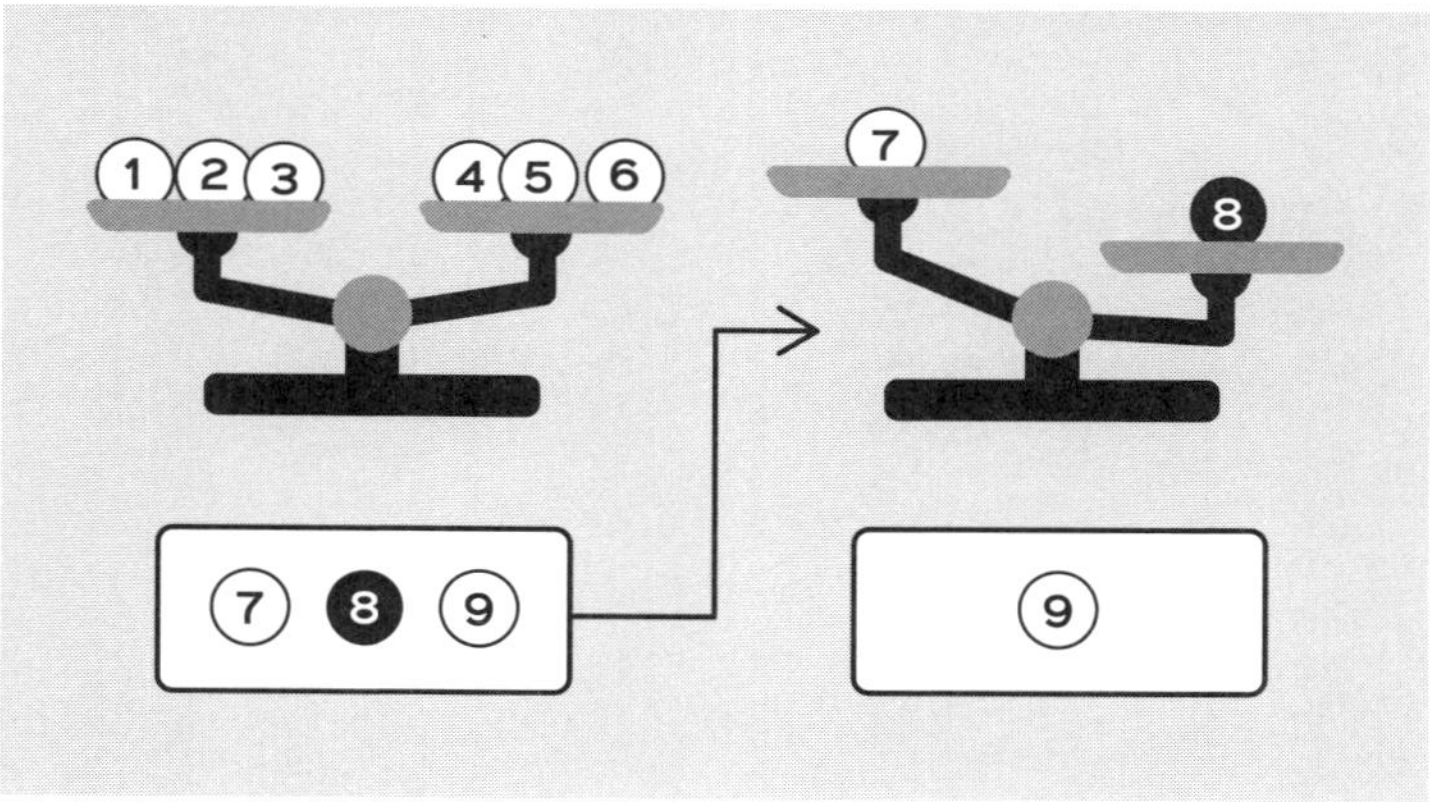

現実です。

　ここで、「はじめに」に記した「頭の体操」を、もう一度やってみましょう。

「ここに、同じ形のボールが9個あります。そのうち1個だけ、重いボールが混ざっています。天秤を使って何回で、この重いボールが見つけられるか、考えてみましょう」

　できるだけ少ない回数で見つけ出すことが大切なのですが、たいていの方は3回、4回と答えます。そこを、さらにどう少なくするのかです。実際、2回測れば、1個の重いボールを見つけ出すことができます。

　ちなみに、そのやり方はこういうことです。9個のボールを①②③、④⑤⑥、⑦⑧⑨の3

グループに分け、まず①②③と④⑤⑥を天秤にかけます。どちらかに傾けば、傾いたほうのグループに重いボールがありますし、天秤が均衡を保てば残りの⑦⑧⑨に重いボールがあることがわかります。

さて、ここからです。重いボールが含まれているグループの3個を、どうしても一緒に測ろうと考えますが、最初にグループ分けしたときと同じように3個のうち2個だけ天秤にかければいいのです。2個を天秤にかけてどちらかに傾けばそれが重いボールですし、均衡を保てば天秤にかけなかった残りのボールが重いということになります。

固定観念に囚われず、頭は柔軟に働かせることが大切です。

改善も同じです。迷った挙げ句、何も進まなかったということは、これまで何度も経験していることではないでしょうか。それは工場や経営現場に限らず、政治や社会などさまざまな世界でも共通していることです。

いつもと同じように流れているラインの中にも、常に新しい見方を導入してきちんと見極めれば、改善しなければならない事象がたくさん存在していることに気づくはずです。そこを工夫して修正すれば、ロスや無駄を減らし、機械の稼働率も上げることができます。

この章の冒頭でも述べましたが、業務改善の第一歩は問題点の発見です。問題点を発見し、おかしいと思ったら、それを修正するための工夫をする。これは、別に管理職でなくとも、コンサルタントが口を出さなくとも、本当はラインに関わる一人一人が常に問題意識を持って取り組めば、できることなのです。

メスを入れるとロスの所在が見えてくる

無駄のない業務を遂行するには、「動作分析」が必要です。たとえば、スタート点からA点に行って戻ってきて（1往復）、またB点に行って戻ってきて（2往復）というようにして、C、Dと続けると4往復しないといけません。ところが、AからB、BからC、CからDに行って用をすませてくれれば、1往復ですみます。

ある人は、何かを取りに行ったり、また持って帰ったりするのに、1日500m歩く。それに対して、同じ仕事内容であるにもかかわらず、ある人は300m、ある人は100mの移動で1日の業務を終えることができているとします。

動作分析の結果、「だったら、標準を200mにしよう」ということになるかもしれません。適正な標準が決まれば、それに合わせるために作業手順を工夫することになります。

動作分析の例

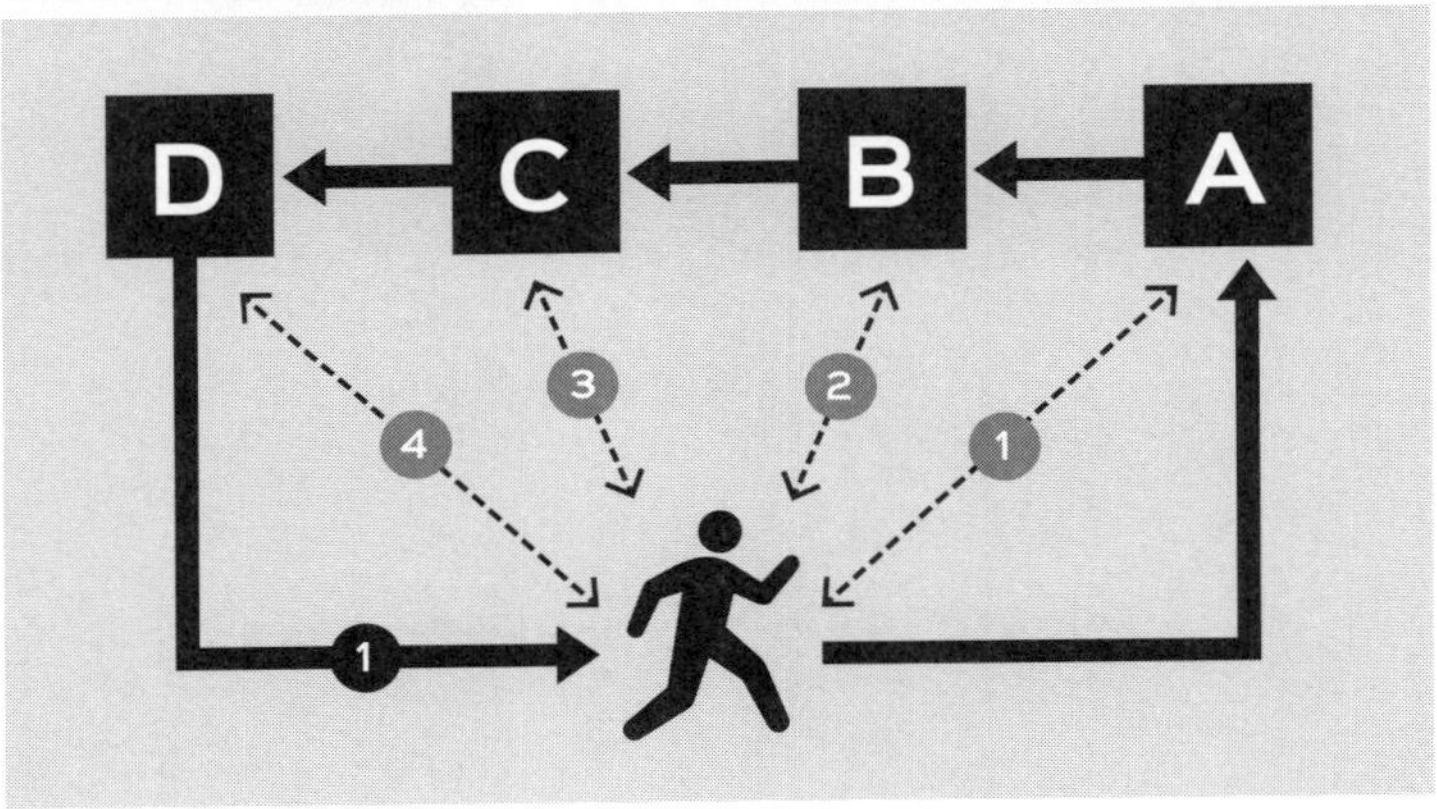

たとえば、Aに行ったときは必ずBでも用事がすませられるように、仕事の段取りを立てるといったことです。

業務改善するには、まずは目標を立てることが必要です。もちろんその際の目標は、分析をした結果導き出した適正なものでなければなりません。そうすると、その目標を達成するためにどうすればいいのかを、必ず皆自分で考えるようになります。

卵工場の場合、割卵の歩留まりの目標を、とりあえず85％に決めたとします。現状のデータだと83％です。目標が決まれば、その差2％を引き上げるための工夫、つまりどこにロスがあるのかを必死になって考えなければばならなくなります。

たとえば、工場の受け入れチェックを考えてみましょう。工場に入ってくるはずの原料卵が100kgだと仮定すると、95kgしか入ってこなかったら、ここで5kg分ロスが生じているので、供給の問題としてスパッとメスが入れられます。

ちゃんと100kg受け入れているのであれば、そこに問題はありません。それ以降の工程にロスがあるのではないか、と推測できます。たとえば、洗卵槽に入れるときに割れていたり、あるいは水槽から抜くときに割れていたりといったことで、ロスとして把握できます。実際に、割れていっぱい落ちていたりするケースが多々あります。

ラインの商品の流れを読み取るのに、私は「3分間チェック」を実行してきました。割卵する際、機械が遠心力で卵をポンと落としてしまうことがあるので、そういうところにメスを入れます。第1コーナーで、割卵できていない卵が何個あるのか。3分間見ていると、1個、2個出てくるのです。

ある工場の割卵で、実際に観察したら、上手く割卵ができていました。不割卵(割れない卵)は3分間で1個でしたので基準内です。「いいね。よく頑張っているね」と、ラインの従業員たちを褒めてあげます。

さらに、ナイフで挟んで割れない不割卵が3分間に何個あるか。そういうところを見ていくと、3個あったら多い。では、その問題はナイフにあるのか、乗り移りのタイミングにあるのかなどを分析しなければなりません。

5分、10分見ていろというと少し面倒かもしれませんが、わずか3分間集中して観察するだけでも、ラインの現状が把握でき、改善する糸口が次々と見えてくるようになります。

計測の不備がロスにつながってしまう可能性があることにも、注意しなければなりません。液卵の袋詰めなどの際に、容器に充填《じゅうてん》し過ぎるオーバーパックがよくあります。これは歩留まりに影響します。たとえば16kg詰めの袋で75g、なかには210gのオーバーパックということもありました。210gオーバーパックになっていたら、〈210g÷16kg〉で1・3%ですから、100tの割卵で考えると1t300kg、約80袋分に相当します。

仮に液卵1kg250円とすると、これだけで1ヵ月32万5000円が消えているようなものです。それほどオーバーパックになっていなくても、常に意識して秤量《ひょうりょう》チェックをする必要があることはご理解いただけると思います。

そのためには、なるべく精度の高い秤《はかり》を用いるべきです。現在、最小目盛りがたとえば50gであれば、10g単位の計測ができる秤、さらには1g単位の計測が可能な電子秤を使う必要があります。もし現在使っていないのであれば、次に交換するときは、そういう秤に替えるようにすることです。

さまざまな角度から観察していくと、思わぬところにロスや無駄が生じていることに気づきます。ロスや無駄に気づいたら、細かく分析してメスを入れ、業務の改善につなげてください。

「習慣」のなかに見えない無駄がいっぱい

コストダウンは、原料選定の段階から検討して、実行しなければ達成できません。大手食品会社で製造責任者を務めていたとき、製造課として「割卵が明日、20tいるよ」と依頼すると、原料を担当する業務課が発注をかけていました。仕事が縦割りになっていたので、原料のコストダウンを図るのは業務課の役割でした。

ですから、製造課としてのコストダウンは、もっぱら無駄をなくすことによっていました。一切のロスを排除する一方で、外に捨てる部分にも厳しい目を向け、無駄がないかチェックしていました。

さらに、製造責任者として前述した動作分析を行い、同じ仕事をするにしても効率のいい動き方ができるように徹底して指示しました。たとえば、コンベアラインがスムーズに流れていくようにしながら、無駄な人の配置があればもっと効率的にラインに立てるような場所に回ってもらいます。

「少しでも効率がよくならないだろうか」という観点から観察していると、それまで習慣になっていて気づかなかったことでも、「無駄なことをしていたな」とパッとわかるようになります。無駄なことがいっぱいあることに、驚くほどです。

ただ大きな会社だと、過去の歴史的な経緯があり、仕事のレベルも高いので、手を付けても一気に改善させることが難しいのは、私自身が体験してきたことです。ですから、一つ一つ愚直に手をつけていくしかありません。少し時間がかかるかもしれませんが、継続していくことで、着実に成果が現れてきます。

食品会社から鶏卵生産会社に移ってからも、私にとって業務改善の追究は大きなテーマでした。前の会社とは、カラーが大きく違い、組織的にも規律的にも異なり、戸惑うことがたくさんありました。しかし、新天地で任された範囲や裁量の幅は広く、意欲を持てばそれだけ思ったことに自由に取り組め、ある意味、面白いように改善できました。

とにかく、やりやすいところから一つ一つ変えていきました。たとえば、一般的に作業者は帽子、マスク、手袋が当たり前なのに、日常的にルール化されておらず、ようやく作業着を定着させました。私が入社してから5、6年後のことです。

また、食品で最も重要な品質管理の充実に取り組み、たとえば細菌検査を一から立ち上げ、組織化を図りました。私はもともと製造マンなのですが、前の会社では品質管理の女子社員に頼んでは、「ちょっとこの検査法を教えて」などと、よく勉強していました。

とにかく生産管理や品質管理など、工場の改善に欠かせないことは、すべて知識にしていきました。勉強もしないで、物事を変えようとするのは無謀運転との批判を免れません。

コストダウンで利益増に立ち向かえ

売上げや粗利を増やしていくのが難しいときに、さまざまな営業施策を試みることは大切なことです。しかし、人と時間とコストをいくら費やしても、それが利益増として跳ね返ってくるかどうかは結果次第で、予測が難しい面があります。

そもそも収益増大というと、営業による外に向けた攻勢だけを考えがちです。ところが、内に向けた戦略も欠かせないのです。それは、他社に負けない徹底したコストダウンを図る内部改革です。

それまでの営業活動とは違った取り組み方による利益獲得作戦が、すなわちコストダウン戦略なのです。売上げが上がっても販売経費はアップし、赤字が発生する場合もあります。もし売上げは同じでも無駄なコストを削減すれば、利益は増やせるのです。

コストダウンは、徹底すればするほど内部で利益を生んでいきますから、営業で大変な努力をして稼ぎ出すのと同じことです。原価仕入れ削減、歩留まり向上、稼働率アップ、ロス軽減によるコストダウン――コストダウンで利益確保、利益増に立ち向かうことが、営業努力と同じように必要なのです。

各部門で費やしているコストにメスを入れて、削減に努める。コストダウンを徹底していくと、いかに無駄なコストがかかっているかが判明します。歩留まりも稼働率も数パーセントアップさせるだけで、思いもよらないコストダウンにつながります。

原料仕入れでのコストダウンは、購入先の諸事情、しがらみなど外部要因があり、時間を要しますが、自社内部でできることもあります。すぐに取り組むことができる問題があれば、即実行が基本です。

徹底した品質管理により、供給の安定化を図ることも重要です。

製造キャパシティに不備があり、顧客から注文がありながら供給できないチャンスロスも撲滅しなければいけません。チャンスロスは、せっかくの売上高をドブに捨てているようなものです。なんともったいないことでしょうか。営業マンが汗をかいて外回りで得てきた成果を、ないがしろにしているのです。

コストダウンには、まず目標と実施項目を設定することが不可欠です。たとえば、次のように数字を算出して取り組んでいきます。

●目標の設定：改善金額年間1億2000万円以上

会社全体での収益改善　1000万円／月

内訳　本社工場　700万円／月

○○工場　３００万円／月

●実施項目の設定及び改善金額

・歩留まり改善：目標２％

〈ロス量＝１５００t×２％×１５０円／kg＝４５０万円〉

・商品化率アップ（格外率の低下）：目標５％

〈１５００t（生産量）×５％×70円／kg＝５２５万円〉

・資材の価格ダウン：諸事情から10％のアップのところ、３～５％ダウン目標

実績５％で15％の効果と評価

例：〈購入金額３００万円×15％＝45万円〉に匹敵

・○○工場：歩留まり３％アップ目標

現況歩留まり81～82％を85％までアップして改善額３％

例：〈２００t×３％×２００円（販売価格）＝１２０万円〉

・製造コスト：10円／kgダウン目標

55円／kgを45円／kg以下に

例：〈10円／kg×２００t＝２００万円〉

●目標達成に向けての計画の進め方

・週1回プロジェクト会議開催（1時間～1時間半）
・メンバーの選定：各工場長、幹部社員、役員
・3ヵ月を一つの区切りで実施

目標達成のための実施項目である歩留まり、商品化率、資材価格ダウン、〇〇工場歩留まり、製造コストダウンのそれぞれの金額を合計すると、月の総改善額は1340万円になります。目標として、会社全体1000万円、本社工場700万円、〇〇工場300万円を掲げましたが、実施項目をきちんと積み上げていくことで、コストダウンはより具体的になりました。

改善計画を実際に詰めていく際、常に「5W2H」を意識するようにしていると、最短で解決策にたどりつけると思います。一般的には「5W1H」と言われますが、私はここにもう一つ「H」を加えました（次ページの図参照）。

この「5W2H」を常に意識することは、対策に洩れがなくなり、歩留まり悪化の原因

改善計画で留意すべき5W2H

❶Who	誰が？（人）
❷when	いつ？（日、期間）
❸where	どこで？（場所）
❹what	何を？（テーマ）
❺why	なぜ？（どんな目的で）

❶how	どうやって？（方法）
❷how much	いくら？（費用、投資金額）

を探ったり、ミスやトラブルの再発防止に努めたりするのに、非常に効果的です。原因（WHY）を追求し、どう改善を進めるか（HOW）を考えることは、計画の立案にあたって不可欠だからです。

社内原資を活かせ！

前項で述べた業務改善の事例では、本社工場の数字がよく見えてこないことが課題でした。そのため、日報、月報をつけてもらい、次のような項目の数字を把握することに努めたのです。

・工場受け入れt数（個数）
・良品個数、格外個数

・時間当たりの製造個数、製品出来高
・出勤メンバー、延べ労働時間
・稼働率、ロス率〈出来高個数÷入庫個数〉を日々算出

とにかく日々、数字で見えるようにすることが、コストダウンの近道です。

実は、この会社で1年間、実際に業務改善に取り組んだ結果、改善金額の合計は2億数千万円に達しました。目標の500％という成果です。

経営陣と従業員が一丸となって、業務改善に意欲的に取り組んだことによるものです。

とりわけ次のように、格外率減少（商品化率アップ）、機械稼働率アップ、資材のコストダウンが大きく寄与しました。

・卵の格外率の減少：スタート時22％→改善時10％　改善額年間1億8000万円
・機械稼働率アップ：スタート時66％→改善時88％　改善額年間5040万円
・資材のコストダウン：改善額年間1320万円

ちなみに、格外率の最終目標は5％以下にすることです。それも、当面の目標にすぎま

せん。

売上げが低迷すると、なんとか回復を図ろうと営業に躍起になりがちですが、一方で、自社の中に大きな原資が存在することに気がつかなければいけません。

ただし、気づいただけでは駄目です。それを活かし切る生産管理や品質管理に取りかかる意欲と体制を整えておく必要があります。

現在の経営環境は、さまざまなかたちで値上げをしようと思っても、実際に手を付けるのは難しい状況です。たとえば取引先スーパーに1個100円で卸していたものを、経営が苦しいからと言って「120円に値上げしたい」とは、なかなか切り出せないのが現実です。

しかし、会社内部に目を向ければ、100個つくるなかで、さまざまなかたちで生じているロスをできるだけ少なくすることは、すぐにでも可能です。ライン上にはロスの要因が数えきれないほど存在し、工夫すればあと2個、3個つくれるのに、稼働率や歩留まりが悪くて捨てられていたりするからです。

卵の割卵の問題点として、トレイのサイズが合わないため潰れの原因になっていたり、機械のナイフに上手く入らないで不割卵の要因になったりすることもあります。

こうしたロスの削減を工夫する品質管理、生産管理が必要で、内部改善に知恵を絞って積極的に取り組めば、少なからず利益に結び付けることができるのです。

私が勤務していた大手食品会社の場合、付加価値が高く粗利が38~45%もありました。大昔はもっと粗利が高く、そのためにずっと値下げをしてきたのです。半世紀前に私が入社したころは、「また、値下げしました」とよく発表していました。どこも追随できないようにするための戦略、ということだったようです。

現在、卵の場合、粗利率は15%あるかどうかです。そこから、経費として人件費、車・土地・機械などの償却費、水道光熱費などすべてを支払わなければなりません。大変に厳しい世界です。

たとえば、鶏10万羽で卵1500tを生産したとすると、1kg250円と仮定して、〈1500t×250円/kg=3750万円〉の売上げとなります。粗利は15%として、〈3750万円×15%=562万5000円〉です。ですから、この範囲内で人件費や事務費、償却費、資材費、配送費などの経費を賄わないと赤字になるので、コストダウンは必須の課題となるのです。

数パーセントの歩留まりが工場改善を左右

前に勤めていた会社では、卵の年間歩留まりが実績数字として87％ありました。ところが、販売は83・5％で計算していたので、3・5％歩留まりがいいことになります。そうすると、一ヵ所の工場で年間1万t生産していれば、350tの卵を回収したのと同じことです。

それは本来ないはずのものを、正規の値段で売っているのと同じです。ですから、歩留まりは数％で、生産効率や工場改善に相当に影響するのです。

なかには歩留まりが80％を切る工場もあるので、85％以上あれば一応合格です。販売の計算上は83・5％ですので、歩留まりが85％だとしても、1・5％は浮くことになります。年間の生産量に1・5％掛けた分だけ、収益改善につながるというわけです。

1ヵ月200t生産したとして、年間2400t。その1・5％は36tですから、相当の量です。1kg250円とすれば、年間で900万円が改善されます。これが年間生産量100tの工場ならその半分ですが、それでも450万円改善されることになります。

卵は、受け入れたときの重量より売るときの重量が軽くなっています。水分が蒸散しているからです。たとえば、平均的な重さに近い60ｇの卵1個を冷蔵庫で保管すると、1日で0・02ｇの水分が飛んでしまいます。仮に1ｔの卵とすると、〈0・02ｇ÷60ｇ×1ｔ＝333ｇ／日〉のロスです。通常はこのロスを考えていないのですが、厳密に言えばロスとして計算しておかなければなりません。

もし10ｔの取引であれば、同じく10日後には33・3kg以上のロスになっているからです。こうなると、決して小さい数字ではないことをご理解いただけると思います。

では、この蒸散を防止するためにはどうしたらいいのか？　私の会社では、冷蔵庫内を加湿しています。湿度を93％以上にすると、蒸散がほとんど止まることを実際に確認しています。

ゆで卵でたまに白身がペコンとへこんでいるものがありますが、これは蒸散が原因です。1〜2ｇへこんでいることもあります。冷蔵庫に保管されているうちに水分が蒸発してしまった結果で、鮮度が落ちている証拠です。それを放置することは、品質管理上も問題があるのです。

卵の生産に関しては、工場のラインばかりではなく、鶏舎におけるロスの軽減という問題もあります。その代表が鶏の餌です。餌は自動給餌機で供給していきますが、端っこにいくと山盛りの餌が下にこぼれ落ちていたりします。当然、機械を調整して改善しなければならない点なのです。

また、これは業者管理の問題になりますが、餌の入荷では、トラックスケールといってトラックごと重量を測る方法をとります。そうすると、100kg、200kg抜かれていてもわかりません。こうした不正に対しては、きちんと抜き打ちチェックを行う必要があるのです。これもコストダウンにつながることなのです。

重箱の隅をつつくようなやり方で、営業はできない

前に、売上げを上げるには営業に力を入れるのも大切だが、業務改善によるコストダウンという内部改革も同じように大切だと述べました。営業と業務改善は別のことのように受け取られた読者がおられるかもしれませんが、実は営業活動にも業務改善によるコスト

ダウンの視点は欠かせないのです。

たとえば、私は、取引先に対する営業活動のサポートとして営業案内資料を作成し、営業マンに渡しています。そうすれば、営業マンが自分でどこにでも出かけて行けるからです。

もちろん、社員と一緒に私自身が出向くこともあります。そういうときは、お客様のところにプロジェクターを持参して説明をします。小さな商談でも、紙資料よりも納得度が数倍増すので、お客様の反応がまったく違うのです。

さて、鶏卵生産会社にいたとき1年間、営業責任者を頼まれたことがあります。それまで、営業責任者の仕事といえば、営業マンに「今日はどこへ行ってきたの？」「どんな商談だったの？」などと、重箱の隅をつつくようなことを聞くことでした。

そこで、「資料は俺が全部つくるから、君たちはアポイントを取れ」と指示し、自分が先頭に立ってプレゼンをすることにしたのです。週4回、午前2回と午後3回の1日5回を目標に、1年間に153回行いました。質問にも全部、私が答えました。

その結果、月約7億円だった売上げが、そのうち10億円近くに伸びたのです。工場が回らないくらいの忙しさでした。

サンプルを出すことで信用がつき、スタート時には1ヵ月のサンプル数が2〜3件だったのが、順調に動き出すとそれが1000件を超えました。そのため、サンプルを送る専門のパートが2名必要になるほどでした。

営業マンは何をするかというと、とにかくアポイント取りをして、プロジェクターなどの機材を運び、プレゼンの準備をする。そこに私が行って、説明をするのです。もちろん、彼らの力強い手助けなくして、年153回もプレゼンに回れません。皆が頑張った結果であることは間違いありません。

表面的なことだけ言って、「買ってくれ」というような営業のやり方では、絶対に営業の成果は上がりません。「うちはこういう取り組みをしっかりとしている。だから安心なんです」と全体的な仕組みをきちんと丁寧に説明します。

とくに食品の場合、品質・安全・安心のシステムと体制について、お客様に納得してもらうよう説明することは欠かせません。そうすると、「多少高くても、そっちのほうがいいな」となる。安売り競争をしても、勝ち目はないのです。

私は、自分にしかできないことを、自分のやり方で率先して追求してきました。営業でも品質管理でも何でもそうです。部下に対して、口先だけで「やってこい」などと言うのは好きではありません。

営業マンの悪いところを探して、重箱の隅をつつくような仕事の進め方は、雰囲気が悪くなるだけです。というよりも、それで売上げや利益の拡大に貢献できることは何もないのです。

私は営業のプロではありませんでしたが、競争に勝つために自分の得意なところを武器にして一心不乱に戦っただけなのです。振り返ってみれば、これも大切な業務の改善であり、コストダウンにつながっていたと思います。

商談回数、プレゼン回数にこだわってみる

前項で私が年間153回のプレゼンをこなしたことを述べましたが、もちろんいい加減な数字ではありません。ちゃんと目標を立てて、実際に行った数字であることは間違いありません。

「50回やった」「100回やった」「150回やった」のではないのです。153回という

リアルな数字が大切なのです。徹底したプレゼンを実施するという営業戦略に基づく結果です。

では、プレゼンの最大目標回数は、どう設定したらいいのでしょうか？

もし、営業マン１人が１日5回プレゼンをした――もちろん、ここまでできたと仮定した場合――とすると、〈5回／日×22日（稼働日数）＝１１０回〉となります。営業マン５人では、〈5回／日×22日×５人＝５５０回／月〉です。営業戦略として、５人の営業マンが月間５５０回もプレゼンを実施すれば、ライバル社に負けることはないという自信が湧くのではないでしょうか。

これを、営業マン全員がしっかりと認識することが大切なのです。営業マンの意気込みが違ってきます。もちろん１日に5回というのは、あくまで例です。業種や体制、プレゼンの中身によっても異なるのは当然です。自社なりに展開することが大切です。

同じように、営業マンの商談回数の確認と報告が必要であり、情報の共有化が欠かせません。

次は、卵業界の食品販売会社の例です。

●営業マン商談回数

これも最大目標回数を1人1日5社（午前2社、午後3社）と仮定した場合ですが、〈5社×1人×22日（稼働日数）＝110回／月〉で、営業マン5人なら〈5社×5人×22日＝550回／月〉、これを年間にすると〈550回商談×12ヵ月＝6600回商談／年〉になります。

年間商談6600回によって、勝ち組を目指しているのです。営業マンが1人、月間10回の商談ができるかどうかがキーポイントです。実績状況に基づいて――、

・達成できた人：どのようにしてできたのか？

・できなかった人：なぜできなかったのか？

――を明らかにする必要があります。

また、自己申告させ、何社の商談が可能かを聞き、それを積み上げることもできます。

肝心なのは、営業マン各人の実績を踏まえ、商談結果がどうであったかを検証することです。その際には、客先意見も反映させなければなりません。最終的には、個別の売上げまで目標管理をしていきます。

答えは「やらないといけない！」

商談件数が大切な指標ではあっても、肝心な商談内容に乏しければクロージングに結びつきません。そのため、上司は部下の商談内容と行動計画をきちんと把握することが必要です。

量より質であることは言うまでもありませんが、回数にこだわった目標管理も、マンネリを打破する「突破型営業手法」として有効です。何よりも、年間６６００回も商談をこなせるならば、競合他社に負けるはずがありません。

営業マンは、「やらされている」という消極的感情から、「やってやろうじゃないか」という積極的感情への変革が求められます。「何度行っても、返事は同じだから」という萎縮した行動意識からも、脱皮しなければなりません。「会社とお客様との関係を良くしていこう」という、未来志向に心を転換していくことが必要なのです。

基本的なこととして、計画と実績の差は５％以内に抑えるように努力することが大切です。営業マンの計画の積み上げが売上げなので、担当者分けを明確にして毎月、売上げ達成を目指して、お客様へのプレゼンに磨きをかけていかなければなりません。

計画に対し、今月の達成率はいくらなのかを確認し、達成できなかった場合、できない要因は何なのかを追求しなければなりません。生き残りをかけてやろうとしているのですから厳しいようですが、なにがなんでも「やらないといけない！」のです。

そのためにも、毎週月曜日の朝礼で営業責任者が、「今週はこういう営業・販売をやります」と指示を出していくことが必要です。営業マンは向こう3ヵ月の提案を心がけて、プレゼンします。

自社の売りは何かをすぐ言えるようにします。たとえば、「安心・安全」「細かいフォロー」「衛生管理」「商品の豊富さ」「水へのこだわり」などです。

そのために、次のことを常に自問させるようにします。

①他社が真似をできないことは何か？
②お客様にこれだけは言っておかないといけないことは何か？
③他社との差別化には何があるか？

④自社の商品コンセプトをきちんと理解し、説明できるか？
⑤他社との価格競争だけの商談になっていないか？

プレゼンをしてきたら、必ず御礼メールを差し上げ、商品サンプルの発送をきちんとするように指示します。会社は利益を上げるために、コストダウンを図って頑張っていることを自覚させることが必要です。

営業マンに対しても、歩留まりを上げることで1円でも2円でもコストダウンができ、それが純利益になるのだから、どのようなことも絶対に無駄にしてはならないと、言い聞かせます。

クレームは、たとえば「1クレーム＝5万円」とすれば、10万円、20万円ではきかないこともあると心しないといけないことを、胸に刻ませましょう。

当然のことですが、クレームは起こさない、起きたら二度と起こさないように、原因、対策、再発防止を考えるようにします。

「コスト高」というロスの漏れを防げ！

改善、すなわち改革には、とにかく変化を嫌う抵抗勢力が出てくるもので、それは社内にも社外にも存在します。格別の理由もなく反対し、現状に手をつけないで済まそうと意地を張ります。そうした傾向が強いのは、何も企業に限りません。たとえば、行政にガチガチに守られて贅肉をまとった状態にある団体も、時代のニーズに対する動きが非常に鈍いといっていいでしょう。

私の会社は、コンサルティングの都合上、食品関連の業務も行っていますが、実は物販もしていて、その一つが肥料です。肥料を相当安く仕入れられるルートを確保しているので、これを武器にして、ＴＰＰの影響を懸念する地元農家のために、少しでも貢献したいという思いがあります。そこで、私の出身地の市役所に相談に行ったところ、担当者が「農家にとって、安くていいのではないか」と、地元農家の肥料を扱うA団体を紹介してくれました。

A団体は当時、肥料1袋15kgを298円で販売していました。ホームセンターで110〜150円で売っているものです。誰がそんな高いものを買うでしょうか。私の営業提案は、A団体に私の利益なしの50円で卸すから、それを98円で売っても48円の利益が出て、粗利が50％くらい取れる。それなら、ホームセンターにも勝てるし、第一農家が喜ぶじゃないか、というものです。

ところが、A団体の担当者である購買課長は「本部から、仕入れ先を代えるとよくないと指示され……」とか何とか言って、のらりくらりと逃げ回ります。実は私は、本部が新方針として「コストダウン」を打ち出しているという情報を得て、交渉をしていたのですから、購買課長の対応が不思議でなりませんでした。

そんなこんなで10回くらい電話をしたところ、実際にA団体を訪問したら、なんと担当者が異動で変わってしまっていました。要するに、私がその団体にとってどんな有利な提案をしようが、検討するつもりは一切なかったのです。本部でいくらコストダウンを決めても、末端に浸透しなければ何の意味もありません。地元農家のためにと思ってやったこともまったくの空振りで、残念でした。

何の努力もせず、「コスト高」をそのまま放置すれば、ロスがどんどん漏れていくだけです。河川にたとえるなら、水漏れ状態が続けば堤防もいつしか決壊してしまうということです。競争に打ち勝つためには、まず漏れている部分を固め、組織体質を改めていかなければなりません。

このことは、国から保護されている農業全体についても言えることです。TPPの反対勢力は、「農家の首を絞めることになる」などと訴えていますが、まずは「我々中小企業がしているように、当たり前の努力をしてから言いなさい」と、私は言いたいです。

なぜ農業だけが特別に保護され、補助金で守られているのか。一般の中小企業経営者が補助金の申請をしようとすると、いくつも書類を書いて、それでも駄目と言われて、また再申請しなければならない。そんなことは日常茶飯事です。どうして、そのようなあからさまな違いがあるのでしょうか。

「減反、減反」と作るのをやめるのではなく、逆に思いきり作る。もちろんそのときには、コストを下げて価格競争力をつけるため、血の滲むような努力も必要になるでしょう。しかし、そうやって作ったおいしいブランド米を、どんどん海外に輸出していく。何が何でも外国から入ってくるのを押し止めるというのではなく、輸入米がドーンと入ってきても、それに立ち向かうという構えに、なぜなれないのでしょうか。

海外のブランド米と食べ比べてみて、どちらがおいしいか。日本の米のほうがはるかにおいしく、びくつく必要などありません。外国から何か安いものが入ってきても、農家は外国に負けない良い農産物で対抗する努力をするべきです。

少しでも可能性のあるところは積極的にどんどん攻めていき、競争していってほしいのです。戦いもしない農家を保護するのではなく、農家が戦いやすいように、足りないところは農家の手助けをしていくのがいいのではないでしょうか。

長所を伸ばそうとしないで、弱点ばかり並べ立てていては、意欲さえないと疑われても仕方がありません。一方で、体質強化のためには、垂れ流し状態のロスの漏れを防がなければならないのです。

少し話が広がりすぎたかもしれませんが、言いたいことは、企業の業務改善もまったく同じだということです。

次章では、稼働率アップ、ロス削減、歩留まりアップなどコストダウンの具体例を、卵工場を例に、ご紹介していきましょう。

down!

第2章

経営者なら知らないと困るコストダウンの手法〈I〉

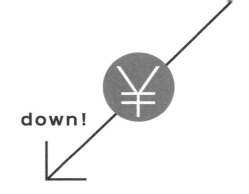

全員に稼働率を自覚させよ！

厳しい経営環境を乗り切っていくには、全員が同じ意識をもって業務改善に取り組み、情報を共有しながら行動していくようにしなければなりません。とくに目標やコスト、稼働率については、正しい認識を持つことが必要です。

卵のGPセンター（卵を洗浄・格付け・包装する施設）や割卵工場（殻を割って、卵黄・卵白と殻を分離し、液卵を作る施設）におけるチェック項目を、次に挙げておきます。従業員には、これらの項目をしっかりと自覚してもらうことが大切です。卵に限らず、他の商品の生産現場にも共通する考え方が含まれていると思いますので、自社工場、自社商品に置き換えてみてください。

なお、とくに（　）で工場名を付していない項目は、すべてに共通するものです。

①自社の工場の目標を知っているか？（鶏卵GPセンターの場合）

・機械稼働率目標：（例）90％

・稼働能率　：（例）200kg／時間
・廃棄ロス　：（例）10kg以下（最終5kg）
・格外率　：（例）5％以下

②昨日の稼働率を知っているか？

・ほとんどが知っている　◎
・先月の平均、今月の推移もわかっている　◎

③目標を達成できる、達成できないことをどう捉えるか？

・分析した結果、良かったことを継続する
（例）人の配置が良かった
　　オーダーの流れが良かった
　　原卵の品質が良かった
・目標を頭に入れて仕事をすると、達成できるか、できないか感触がわかってくる
・目標を見失うことなく仕事に励もうと思う

④コストは、稼働率平均90％で計算しているか？

・営業はその価格で販売している

・稼働率80％では、赤字で販売していることになる

⑤稼働率が上がると、安いコストで製造できることを理解しているか？

・他社に優位な販売ができる

・赤字販売しなくてもよくなる

⑥稼働率の目標の意味について自覚させる（鶏卵GPセンターの場合）

1時間あたりの生産能力を4万卵と仮定して――

〈3万3000÷4万＝82・5％〉：目標に届かず

〈3万4800÷4万＝87・0％〉：いま一歩努力

〈3万6000÷4万＝90・0％〉：目標達成！

改善のコツを覚えさせよ！

業務改善は、一人一人が意識して観察し、問題点を見つけ、それに疑問を持ち、考えてみることでしか達成できません。大切なポイントについて、よく指導しましょう。それらをすべてマニュアル化しておきます。

①仕事の合理化

・過去の先輩から引き継いだままでいいのか？

・発想を変えてみよう

②卵は詰まって流れている

・機械が動いていても、卵が流れていなかったら駄目

・卵はキチンと整列された状態で流そう

③クレームは出さない

・クレームを出すと、多大なロスと無駄が生じる

・クレームの影響で朝礼が長引くと、それだけで稼働率が下がる

④原卵の切り替え

・トレイ何枚分空けたらいいか、数字で出す

・5枚？　10枚？　切り替えが多いと、稼働率低下の原因になる

⑤切り替え作業の見直し

・パック、ラベル、バーコード確認、日付確認、ロール、コンテナ、パレット、段ボールの準備はＯＫか？

⑥困ったことは問題点として挙げる

・会社を駄目にするのは、黙っていること

・意見が言える会社にしよう

⑦廃棄ロス

・仕入れた卵はお金を払って買っている

・原卵で割れたものはお金をもらえない

⑧什器

・出荷で出ていった台数、返却された台数をチェックする

⑨工場入室ルール

・手洗い、ローラー掛けを100％実施しよう

たとえばGPセンターの場合、100個流して20個格外になるのと、5個格外になるのとでは、どちらの仕事が楽なのか考えさせてみます。簡単なことですが、「改善できる、できない要因」はこんなところにあります。

割れやヒビが多いという原卵の問題は、写真やデータで示す必要があります。その解決

策として、農場で選別基準を明確にします。すると、品質が上がり、工場に良い卵が入ってくるようになります。

その結果、仕事が楽になる、稼働率が上がる、廃棄ロスも少なくなるという改善の意味とメリットが、非常にわかりやすくなります。

歩留まりとは？　ロスとは？

改善の目標が決まったら、従業員には常にそれを意識させるようにします。目標を見失うことがないよう戒め、毎日、結果を報告させるようにします。状況が良いときはそのまま継続するように励まし、悪いときは何がいけなかったのか、その原因を追及して対策を立てます。もしクレームがあれば、朝礼で発表して必ずオープンにします。

自社の割卵工場の目標として、たとえば歩留まり85％を86％に引き上げたら、従業員にそのことを周知徹底します。どうして歩留まりは大事なのか、1％の差が収益にどれほど影響するか……。83・5％を歩留まり計算の基準とすれば、85％にすれば1・5％の差となり、さらに86％にすれば2・5％の開きとなり、コスト競争に勝てるようになるのです。

月に100t製造するとして、歩留まり85%と86%とでは、1%つまり1t違います。25日稼働するとすれば、〈1t÷25日=40kg/日〉なので、1日に40kgがどこかに流れているのです。これを回収するようにします。そのことを、従業員には徹底的に理解してもらう必要があります。

歩留まりを上げるためには、問題を浮き彫りにして対策を練らなければなりません。たとえば――、

・卵を洗浄ブラッシングする洗卵槽に、卵の割れが多い↓割れた卵が10kgあったら、それを5kg以内に少なくするように意識づけする

・充填量がオーバーパックしていないか↓秤の最小目盛りを10gにして精度を上げ、誤差範囲を少なくする

・不割卵が多い↓3分間に1個はOK! だが、3個以上になったら調整する

――などです。

歩留まりが悪化する原因は他にもあり、そのことについては後でまとめて挙げることにしましょう。

では、ロスとはなんでしょうか？　卵の加工工場のケースで、考えてみましょう。

ゆで卵や温泉卵を生産する加工工場の目標がロス1％台とします。それが意味することとは、何でしょうか？

今日1000個作ったとして――、

・ロス1％台：10個　〇

・ロス2％台：20個　×

――です。

加工工場であるならば、ロスを少なくするには、まず加工最優先で商品を回すことをルール化することです。

新機種導入は改善の始まりだ！

ある卵工場の生産ラインで、2台の古い機械を全面的に入れ替え、1台の新機種にまとめることになりました。導入された機械をスムーズに稼働するのに、どのように合理化を図ればよいか？　私は、そのコンサルティングを行うことになりました。

このラインを改善できれば、稼働率アップ、ロス軽減、歩留まり向上などが達成でき、コストダウンを実現することができるのです。そこで私が提案したのは、商品アイテム数60あるなかで、稼働率85％以上の大目標でした。

その目標実現のためには、これから述べるように、非常に細部にわたるところまで見逃さずにチェックし、写真撮影したり数字で表したりして指導することが必要だとご理解いただけると思います。業務改善やコストダウンは、地道な作業を通してしか進展せず、現場主義の実践でしか成果はもたらされないのです。

卵は農場からGPセンターという卵の格付け包装施設にトラック輸送されると、ライン機械に供給され、パック詰めされます。その間、すべて自動化されています。卵の格付けというのは、規格取引上の卵重区分（SS・S・MS・M・L・LLサイズ）に選別することです。

ライン機械では、卵は次のように流れていきます。

オートローダーによる供給→洗浄（60℃温湯。殺菌）→乾燥→検卵（ヒビ、汚卵、血玉の各検査）→サイズごとにパック詰め。

オートパッカー・スカイ（HACCP対応型）

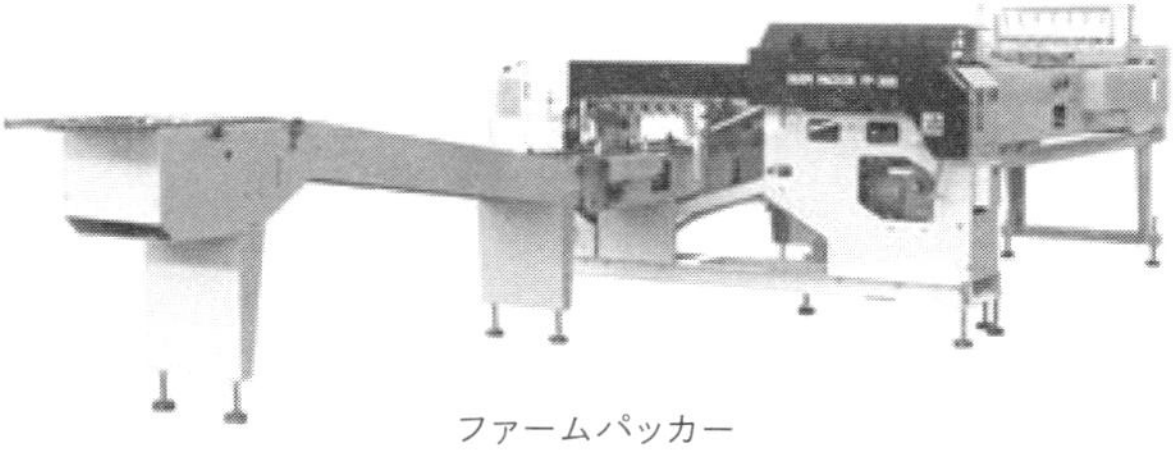

ファームパッカー

紫外線殺菌装置

血玉検出器

多くのＧＰセンターには、割卵工場が併設されています。前述したように、割卵とは自動で卵を割って卵黄、卵白、卵殻に分離することをいいます。装置には、卵の殻に付着した雑菌が混入しないように、さまざまな工夫が施されています。

古いラインでは、機械2台で、それぞれ４万個の生産能力を持っていたのですが、時間当たりの処理量に問題がありました。新しい機械は1台で12万個の処理能力がありますが、操作方法やラインの流れ方などがまったく違うため、最初はなかなか上手く稼働させられませんでした。そのため、問題点を洗い出し、改善対策を打ち出したのです。

目標として、導入月には75％クリア、１ヵ月後には累計で80％クリアすることを掲げました。実際には、２ヵ月目70％、３ヵ月目80％クリアし、そこから時間がかかりながら、半年後にようやく85％の稼働率を達成したのです。

稼働率アップのためには――、

①卵の供給側
②機械本体
③作業体制

④卵の品質

――の4つに分けて、問題点を考えていきました。

日々、担当者から報告をもらいながら、具体的に指示を出していきます。目標が達成できないようであれば、早急に原因を探って対策を考えなければなりませんし、その対策の実施状況もきちんとわかるようにする必要があります。

ところで、機械の稼働には直接関係ないと思われるかもしれませんが、機械のセッティング工事の人たちが帽子やマスクを使わずに仕事をするのは、食品工場内では許されません。きちんと注意しなければならないことです。

ある工場で、帽子、マスクをしないで入ってきた運送会社の社長に対して、工場の新入社員の女性が、「おっちゃん、そんな格好で工場に入って来たらいかん」と言ったそうです。その社長は「悪かった」と、いったん戻って帽子をかぶって入ってきたそうです。それがかえって、「この工場は、えらくしっかりしている」と評判になったといいます。

私も会議などで、マスクが必要なことをよく説いています。当たり前のことでも、きちんと実行し、実行されていなければきちんと注意できる職場づくりが大事なのです。

供給不備による空きのロス改善

GPセンターで新しい機械を導入したときのことですが、当初は稼働率が30％もいかない日がありました。1日に流す計画だった分量の3分の1も流れていないのです。そのままでは、大きな機械を入れたのに、何のための合理化かわからない状況です。緊張しないわけにはいきません。

いろいろ調整すると、徐々に調子が上がっていきました。1週間くらいで60％ちょっとまでいったのですが、まだ不安定です。なんとか一気に改善を図ろうと、努力を続けました。

まず、卵の供給側です。鶏卵農場が卵を運ぶ際、同じ1ラックに8枚トレイのほか、従業員の作業労力を軽くするため6枚トレイも併用していました。そこで、配送効率を優先して、8枚トレイに統一しました。

「いままでやってきたから、関係ないだろう」と、GPセンターの従業員は思うかもしれませんが、8枚トレイに替えるだけでも作業スピードは増し、時間の余裕が生まれ、稼働率は一気に上がるのです。

一方、機械のほうも導入して1~2ヵ月しか経たない時期に異常音が発生し、給油しても完全に直りません。すぐメーカーに連絡しました。トラブルが生じる予兆かもしれず、異常音への即対応はプレメンテナンスの原則です。停止でもしたら、目も当てられないからです。

また、残卵が発生していました。卵がラインで運ばれず残ってしまうということは、オートローダーが卵をきちんと吸って供給していないということです。残卵によって、それを取り除く余計な作業が発生します。

機械が100％ラインに供給してくれれば、残卵を取って別のところで処理する作業が減ります。要は、機械に依存する部分については、機械が能力を完全に発揮するような仕組みをつくってやれば、もっと稼働率が上がるわけです。

供給不備による稼働率の低下も生じていました。工場に入ってきた卵のラックケースを機械はそのまま自動的にセットして、押し出していきます。ここで頻繁に空きが発生していても、機械は卵があると認識して稼働するのです。自動検知して卵のないところはパスするように方法を変えたりしても、供給不備が発生しやすいのです。

この空きによる稼働率低下を算出しました。計測時間は10分間です。

供給不足のトレイ枚数＝70枚

〈70枚×30個（1シート卵数）＝2100個〉

〈2100×6（10分の6倍）＝1万2600個（時間換算）〉

〈1万2600個÷9万個（機械の時間当たり能力）＝14％〉

つまり、14％の稼働率低下が生じているということです。ですから、供給側の空き問題で、全量流れるようにしておけば、これだけでも稼働率は一気に14％上がるのです。

稼働率90％を目標にし実稼働率が80％なら、その差10％の製造量が減っているということです。したがって、その分を処理しないと出荷できませんから、1時間ほどの残業が必要になり、その結果、人件費や光熱費などが余分に出ていってしまうことになります。

稼働率の低下は、積み重なると莫大な収益の低下をもたらします。

GPセンターの機械稼働率の低下要因としては、次のような点が考えられます。

①生産計画と販売計画が合致していない。

②受注の時間を見ながら、出荷までの時間調整を行うため、切り替えが頻繁に起こる。
③オートローダーによる供給がスムーズにいかなくて、洗浄コンベアー上で卵が抜けている状態（歯抜け）になっている。
④ラインの切り替え、商品の切り替えで機械がストップする。
⑤原料卵が悪く、破卵が多数混入し、格外率が高い。

こうした点から、生産ラインを再点検する必要があります。

なお、稼働率の問題は機種選定に起因するケースが多くあります。したがって、導入時に計画をきちんと立てなければなりません。そしていざ導入したら、全員が最善を尽くし、その機能を十全に発揮させるようにする。前述の稼働率アップの事例も、そこが非常に上手くいったのです。

厳しい視点でラインを点検する

パック詰めにならない卵は、B級として選別していきます。B級ラインでは、血玉の卵を検出した場合は、全部廃棄処分にすることになっています。血玉をバケツに落とすのですが、稼働1～2時間でかなりの量がたまり、1日100～200kgにもなっていました。これは本当に血玉なのかと疑い、血玉をバケツに落とすのではなく、いったんトレイで受けて、手割り割卵してみました。その結果、本当の血玉は10％もありませんでした。90％の問題のない卵を全部捨てていたのです。もっと有効利用しなければなりません。

血玉の検出は、卵の中に光を通過させ、血に含まれるヘモグロビンを検出して判定します。機械の問題としてメーカーに提示しました。

導入して2ヵ月くらいのことでしたが、こんなことではいけません。すぐ技術者を呼んで、メンテナンスにかける必要がありました。放置してよい話ではないのです。

新車を購入して、たまにブレーキを踏んでも効かないことがあれば、そのまま次の車検まで乗り続けるなどということはありません。それと同じことです。

機械は、完璧であるのに越したことはありません。しかし、後から不備が明らかになりリコールされるということもあるのです。そういう視点で考えて、厳しくラインの点検をしていくようにします。

卵の黄身が割れて、レーンにくっついて汚れてしまうということも起こりました。新しい機械で、こういうことは言語道断です。私のようなコンサルタントに指摘されると、「あっ、そうですね」と思うのですが、普段当たり前と思って見過ごしていると、いつまで経っても改善されません。

ライン上に流れた卵数を表示するモニターがあり、その卵数から稼働率を計算しました。すると1時間後53・16％、1時間45分後では57・14％しかいっていないことが判明しました。50％台というと、時間がいくらあっても足りないような状態です。

ラインのコンベアーは、スピードの調整が必要です。スピード調整されていないと、斜めに向いてひっかかって止まってしまうことが多いのです。きちんと横並びになるように、調整をやり直ししなければなりません。

コンベアーから端末に入っていき、ラベラーでラベルを貼るときにトラブルが起きやすくなります。ラベラーはパッと貼って、出て行くようにしておかないといけません。コンベアー調整ができていないと、引っかかってしまい、卵がグチャグチャになって落ちてしまうのです。

問題はすべて掘り起こす

卵を洗浄ブラッシングするライン上で、汚れが落ちていない卵を発見しました。ブラシの位置の高さ調整が必要なことを、写真で撮影して確認しました。

初期設定では、一番高くしているので、実際に卵を通してテスト稼働するときに、どこまでの高さに当たるかをまずチェックしなければならないのです。機械メーカーは、卵がボンボン割れたりすると困るので、「あとは調整してください」と言うだけです。

汚卵は、正常卵ではない格外と判断され、一般的には100円程度値段を下げて売らなければならなくなります。農家には、「これだけの格外が出た」と言って、その分安く支払います。格外率が高くなると、農家は手取りが減ってしまうので、当然苦情を言うようになります。

そうなると、農家も工場もお互い、次に前向きの仕事ができなくなるという悪循環に陥りますので、ブラシ調整という小さなことでも真剣に取り組む必要があります。

洗浄ブラシの高さ調整の問題は、最初の供給側の問題もあります。農場でラックに卵を入れる際、上の段が抜けていたりします。実は高齢者の場合、ラックを高く積み上げるのが大変で、作業を少しでも軽くするために上の段を抜いたりしているのです。農家の事情としては、わからなくはありません。

そうしたいろいろな問題が背景にはあるかもしれませんので、とりあえず問題全部を洗い出し、一度机の上に並べてみることが大切なのです。いま例に挙げたラックの問題で言えば、年齢や体型に合わせて積みやすいような段差をつくるなどの工夫ができるかもしれません。

そうした合理化は、数十万円の原資で可能になります。農家の負担を軽減しながらできる方法はいくらでもあるのです。

卵のヒビ割れが混入することがあります。ヒビがあるにもかかわらず、パック詰めされてしまうのです。これは、ヒビ検査装置が誤判定をし、検査ではねないといけないのに通してしまっているのです。

もちろん、ヒビ割れした卵は、最終製品のテーブル作業チェックで全部はねられますので、商品として店頭に並ぶことはありません。熟練作業者は、ちょっとしたヒビでも見逃さないのです。

しかし、それは卵を軽く叩いて返ってくる音で判断するという地道な作業ですから、不良卵が大量にテーブル作業に流れると、ラインを止めざるをえなくなり、稼働率が下がってしまいます。だから、ヒビ検査装置の誤判定というミスを、簡単に見逃してはいけないのです。

ほかにもチェックした改善事項は、いろいろあります。前述したように、機械導入から半年以上経って、最終的に85％の稼働率を達成しましたが、そこに至る途中での主な改善策は次の通りでした。

①原料卵入荷のあり方としてラックでの入荷
②ローダーの空打ち防止、コンベアーのガイド調整
③検査装置の改善、メーカーへの強い要請
④機械本体へのプログラミングをしっかり把握する

⑤製造していく段取りと、切り替えタイミングの教育
⑥機械パネルの操作など、人材の教育など

稼働率低下の原因を深掘りせよ!

ある工場のプロジェクト会議で、次のような報告がありました。3機種の機械の稼働率が、ある期間ごとに示されていました。

・A機械稼働率：20〜23日＝80・95％↓24〜30日＝78・96％
1・99％先週比ダウン
・B機械稼働率：20〜23日＝68・91％↓24〜30日＝64・78％
4・13％先週比ダウン
・C機械稼働率：20〜23日＝68・82％↓24〜30日＝69・60％
0・78％先週比アップ

このように会議や朝礼などで、進捗状況を具体的な数字で説明することが、改善活動で

は大切なのです。機械の稼働状況が目に見えるようになり、数字が悪ければすぐに手を打つことができます。

機械がよく故障したり、調子がおかしかったりすると、その分商品の流れが悪くなります。ストップすると最悪で、稼働率アップどころか、ダウンして歩留まりに大きく影響してしまいます。

改善では、すべてを数字に落とし込み、具体的に試算していくことが大切で、そうでないと目に見えないところで利益が失われていってしまうのです。

鶏卵の格付け包装施設であるGPセンターでは、機械を使って効率よくパック詰めを行うことが大切です。また、併設の割卵工場では割卵機を使い、スムーズに割卵を行わなければなりません。割卵機の歩留まりを1%改善するだけで、業績は大きく変わってくるのです。

卵のパック詰めでずれたり、卵が詰まらなかったりすると、そこで機械が止まります。それをスムーズに流すために、歯抜け（コンベアー上に卵が供給されていない状態）をなくして、稼働率を上げていく必要があるのです。

稼働率は、〈入卵個数÷機械能力個数〉で求められます。1時間に卵が3万個流れる機械なら、1時間に3万個流れたら稼働率100%です。それが2万7000個であれば90%、2万4000個しか流れなかったら80%……というように見ていきます。

機械を機種ごとに、スタートから比べて比較します。すると、A機械は8・9%、B機械は14%改善されているといった具合に見えてくることがあります。

卵の流し方が悪かったり、割れた卵が混入していたりすると、機械のトラブル原因になります。農場で集卵するとき、割れた卵ははねているはずですが、見落としもあるのです。

稼働率の低下が著しく、目標対実績の差があり過ぎるようだと、原因の深掘りが求められます。改善での見直しを立てるうえで、注意点をまとめてみます。

①生産計画と営業の販売計画とでは合致していないことがあるので、両者の精度を上げる。
②生産計画は、卵の平均重量、産卵率から精度を高くすることができる。
③販売計画は、お客様の都合で大きく変わるので、調整を繰り返す。
④受注関連、オーダーをどのタイミングで受けるか。
⑤製造の進捗状況に関する情報を全体で共有し、無駄をなくす。

⑥原料卵の品質、破卵、汚卵、格外卵の選別について、農場の基準と合わせる。
⑦すべてのタイミングを合わせ、機械を稼働させる訓練が必要。
⑧パック、ラベル、段ボールなど資材の準備、段取りも大きく影響する。

ある工場の場合、機械稼働率アップによる年間改善額は2940万円でした。その際の計算式は、次の通りでした。

・1ヵ月の洗卵量

A機械：350t　改善率8・9％　改善量＝31t
B機械：280t　改善率14％　改善量＝39t
合　計：630t　改善率11・1％　改善量＝70t
製造コスト1kg35円と仮定すると――〈70t×35円／kg＝245万円〉
〈245万円×12ヵ月＝2940万円〉

このように、業務改善の結果は、計算によって具体的な数字に落とし込んでいかなければ目に見えるものとして表現できません。したがって、計算式が大切になります。以下、同じ工場で試算した要素別の改善試算額を示していきます。

ロス要因をしらみつぶしに調べる

GPセンターでは、割れた卵は廃棄されます。廃棄卵量の年間改善額は270万円でした。これは、次のような計算式によります。

・廃棄卵量の改善
　スタート月＝1300kg／月
　直近月　＝　175kg／月
　改善重量　＝1125kg／月
〈1125kg×200円×12ヵ月＝270万円〉

もっと前に遡れば、スタート月どころではない無茶苦茶な量を廃棄していました。割れた卵がボンボン入ってくるような状態で、GPセンターはそれをはねていき、結局は廃棄卵になっていたのです。

廃棄卵は、ロスになるばかりではなく、環境汚染につながったり、ハエや悪臭を発生させたりという問題を引き起こします。農場で選別をきちんとしさえすれば、割れた卵はすぐ液卵として処理でき、無駄を減らせるのです。

パック卵も、不良のパックがたくさんあって廃棄していました。この廃棄パック量の年間改善額が38万4000円。相乗効果として、環境汚染の削減も見逃せません。

・廃棄パック量の改善

スタート月＝1万5298p／月

直近月　＝　8900p／月

改善P数　＝　6398p／月

1p5円と仮定すると——

〈6398p×5円×12ヵ月≒38万4000円〉

不良パックが出ると、人手をかけて直すことになります。そうすれば当然、余分な人件費がかかります。したがって、不良パックを出さないようにすることは、コストダウンにつながります。今回のコンサルティングで達成した、その部分の年間改善額は35万700

0円でした（人件費を時間換算して算出）。

・不良パックの直しに関わる人件費削減
　スタート月＝16346p／月
　直近月　＝12000p／月
　改善パック数　4346p／月
　〈4346p＋6398p（廃棄分）＝1万0744p〉
　〈1万0744p×10秒（直し時間）≒29・8時間〉
　〈29・8時間×1000円×12ヵ月≒35万8000円〉

次に作業能率（時間当たり処理量）を金額に換算してみます。能率の改善額を試算し、稼働率などの能率をどんどん上げていくのです。そうすると、スタート月は120kg月間平均だったのが、直近月は160kg月間平均となりました。

40kg改善され、1・3倍以上作業能率が上がったことになります。

このようにして、能率面の年間改善額は1230万円となりました。

・能率面の年間改善額

スタート月＝120kg月間平均
直近月　＝160kg月間平均
40kgの改善（能率アップ）
〈月間使用時間＝4100時間×25％＝1025時間〉
〈1025時間×1000円＝102万5000円〉
〈102万5000円×12ヵ月＝1230万円〉

割卵工場を巡回すると、洗卵槽の底が、割れた卵の黄身だらけでした。卵を入れるとき割れると、下に沈みます。受け入れのときに、基準をしっかり見て、割れないように卵を入れる必要があるのです。同時に、破卵、液漏れ卵、膜切れ卵は投入しないようにすることです。

また、トレイ安定台の設置が不安定だったり、水面から高すぎる位置から落としたりすると、床面に液が漏れるなどしてロスが発生します。そうした箇所が多く見つかり、改善しなければならないことが多数ありました。

歩留まりを悪化させる要因は残らず、しらみつぶしにチェックしていくことが大切です。

問題はすべて川上で処理し、川上をきれいにすることで川下もきれいに流れるように持っていったのです。

年間6400万円、120万羽規模の改善を達成

温泉卵の競争は激しく、他社には負けられません。加工工場でつくられる温泉卵の歩留まりは一般的にかなり高い比率です。

ところが、取り組む前には74％と相当に低かった歩留まりを99％までに引き上げることに成功しました。25％の改善率で、改善金額は年間１２００万円となりました。

・温泉卵の歩留まり改善

月間製造量が20万個と仮定、1個20円とすると――

〈20万個×25％＝5万個×20円＝１００万円〉

〈１００万円×12ヵ月＝１２００万円〉

改善率25％というのは、業界の人なら信じられないかもしれません。しかし、実際に調

査をしてみると、歩留まりが極端に低い状態が続いていていました。そして、その実態に誰も気づいていていなかったのです。

温泉卵は夏場がピークです。ピーク時は当然、製造に徹しますが、ピーク時以外の時にどうするか、営業を含めて戦略を立てることが大切です。スポーツ選手が、シーズンオフに体力づくりなどに励んでいるのと一緒です。

競争に勝たなければならないのは、割卵も同じです。本丸であるだけに数字が大きく、もし負けるようなことがあるなら、その原因はやる気の欠如によるものなのか、技術力の低下なのか、明確にしなければならないでしょう。

幸いに割卵の歩留まりも改善され、取り組み前の83％が86・1％になりました。3・1％の改善で、金額的には年間1860万円です。この改善額は、一連の業務改善活動のなかでは、大きいほうでした。

・割卵の歩留まり改善

月間製造量＝200t／月

〈200t×3・1％＝6t200kg〉

〈6t200kg×250円＝155万円〉
〈155万円×12ヵ月＝1860万円〉

仮に12tの割卵で1％の改善があると、120kgが回収されたことになります。その結果、現場では「12kgで0・1％の向上」を念頭に置くようにします。こういう小さな積み重ねが、1860万円の改善を可能にするのです。

割卵の能率改善の試算を行いました。取り組み前の能率70kgを100kgに引き上げ、30kg改善。年間改善額は594万円となりました。

・割卵の能率改善
〈月間労働時間＝1650時間×30％＝495時間〉
〈495時間×1000円＝49万5000円〉
〈49万5000円×12ヵ月＝594万円〉

卵が納品時に割れていると、スーパーなどから返品されてきたりします。そのなかに、スーパーの責任で割れたものも入っていることがあります。「それは筋が違うだろう」ということで、営業マンがスーパーを訪問して交渉します。
そういう営業指導をすると、返品パック数も下がるのです。年間改善額は126万円。相乗効果として、処理人件費の削減や環境汚染の低減などに貢献しています。

・返品数の削減

当初の返品数　1700p

現状の返品数　1000p

改善パック数　700p

1p当たり150円換算――

〈700p×150円＝10万5000円〉

〈10万5000円×12ヵ月＝126万円〉

パック、ラベル、液卵を入れるポリ袋などの包装資材費も、年間270万4000円改善できました。一番の問題は、メーカーが納品資材の管理までしていたことです。多いもので、数ヵ月分の在庫が出てきました。

他人事と思わず、社内をよく見直してみてください。

以上、機械稼働率アップをはじめとして、1年間に行った業務改善の内容について述べてきました。これらをまとめると、一つの工場で年間8500万円を超える改善額となりました。

①GP稼働率　：　2940万円
②廃棄卵　：　270万円
③廃棄パック　：　38万4000円
④不良パック　：　35万8000円
⑤GP能率　：　1230万円
⑥温泉卵　：　1200万円
⑦割卵歩留まり　：　1860万円
⑧割卵能率　：　594万円
⑨返品　：　126万円
⑩包装資材　：　270万4000円
改善額合計　：　8564万6000円

改善は、項目ごとにきちんと数字で捉え、試算することにより、コストダウンの成果として明確になるのです。

この会社は、数億円の累積損失を抱えていましたが、このような工場改善を継続することによって経営体質がスリムとなり、4年間で完全に取り戻しました。まさに、それぞれの取り組みが集大成されてもたらされたものです。

パック詰めされない格外の卵を減らす

養鶏農場で卵を生産すると、前に述べたように卵はGPセンターという格付け包装施設に運ばれ、商品化されます。鶏が5万羽いて産卵率90%というと、運ばれるのは4万5000個です。卵は重量で受け入れられ、またエッグカウンターで一個一個数えられます。洗卵したあと選別をかけて、最終的にサイズごとにパックに詰められて出荷されます。どうしてもパックに詰められない、そのままでは商品化できないようなものが10~15%出ます。それを格外卵といいます。

その格外になった卵が割卵用（分離する）になります。中身の液卵は一緒ですが、スーパーに並ぶのはみなきれいな卵です。

たとえば1tの卵があって、一般的に格外率15％とすると、そこからパックに詰めるのが850kgです。ところが格外率20％だったら200kgが格外で、800kgをパックに詰める。800kgをパックに詰めるのか、850kgなのかで、価格に大きな違いが出てきます。

格外と正常卵の単価差は、一般的に100円と言われています。だから正常卵で詰めれば100円高く、格外で割卵用卵になるとそこから100円落ちるのです。したがって、まず格外率を下げるための努力をして、パック率（商品化率）を上げることが大切になります。

工場の格外率が24％とすると、100t製造したら76tがパックに詰まってスーパーなどに流れ、24tが100円落ちで売らなければならなくなります。100t中24tが100円落ちになるのと、90tが良品で10tが100円落ちで売られるのとでは、まったく違います。

100tが100tそのままパックに詰まるということは、飼養管理などを考えると、無理なことは間違いありません。それでも、格外率の軽減は収益改善にとって非常に大きいという認識は持つべきです。

格外落ちと正常卵の莫大な金額差

養鶏農場から入ってくる卵が正常か格外かを示す格外率を下げるのは、なかなか大変です。前述したように、汚れをきれいに洗い流したり、ヒビが入る工程を除去したりして、正常卵の確保に努めます。

ある工場では当初、格外率が22％だったのを、第1目標の15％をクリアし、1年後の目標10％以下は到達しなかったものの、12％まで下げることができました。

卵1500tの生産規模の工場で、10％が格外に落ちていたのが、逆にその10％がパック詰めにして出荷できるとなると、1500tの10％、150tの売上げ増になります。1kg100円ですから、〈150t×100円／kg＝1500万円〉になり、年間だと〈1500万円×12ヵ月＝1億8000万円〉の差です。

それを踏まえると、1500tの生産規模の工場では、出荷しようにも供給が足りませんから、外部から150tの正常卵を購入しなければなりません。それを合わせた165

0tを機械に流して出荷し、やっと供給量と出荷量がトントンなのです。

そうすると、格外率が22%もあれば、購入しなければならない正常卵は330tになってしまいます。格外になった卵は割卵用原料卵として外部に販売されますが、生産工場併設の割卵工場では目一杯割っても250tが限度でした。だから、80tほど余り、それらは正常卵より安くなるのです。

ところが、前述のように格外率を下げることができれば、外部から正常卵を買って150t割卵用で売っていたのを、一気に解消することができます。格外率を下げるのは地道な取り組みですが、年間2億円近い効果が生まれるのですから、非常に大きな業務改善につなげることができるのです。

他社の工場で、「うちは格外率が15%で収まっている」と自慢するのを耳にしたりしますが、出荷量を踏まえ本当にきちんとできているかというと、そうではないところが意外に多いのです。

上に良い数字を報告したいので、誤魔化しが結構あるのです。それだけ格外率の低下といっても、一朝一夕には達成できないということです。ちなみに、コンサルの最終目標とする格外率は5％以下です。

交渉は臆することなく毅然として臨め

「ここのところの顛末を、どのようにつけるつもりなのですか」

ＧＰセンターにおける、機械メーカーに対する私の注文です。機械メーカーとの格外率の交渉で少し強い言葉が出てしまいました。

私は、次のような主張をしたのです。

「御社の機械3台などで毎月1500ｔを処理しているなかで、月間平均300ｔの格外卵が発生しています」

「単純平均で3分の2を御社の機械で処理したとすると、〈300ｔ×2／3＝200ｔ〉の格外が発生したことになります。そのうち30％、良品を落としていたと仮定すると、〈200ｔ×30％＝60ｔ〉の良品が格外処理されていたということです」

「格外落ち1kg100円として、〈60ｔ×100円／kg＝600万円〉を毎月損していた勘定になります。ここのところの顛末を、どのようにつけるつもりなのですか。それが大きなポイントです」

機械メーカーの社員を追いつめるような、少し厳しい言い方かもしれませんが、それだけ見逃せない大切なことなのです。ところが、それに対する機械メーカー側の回答は、私の指摘に対して不十分なものでした。

「調査の結果、機械の不備は認められませんでした」などという回答で、もう少しまじめに積極的に取り組んでほしいというのが私の要望です。ですから、臆することなく毅然として交渉に臨むことが必要なのです。

歩留まりが悪い原因を追求する

割卵工場で歩留まりが悪い原因を挙げていくと、前にも少し触れましたが、次のようにさまざまな要素が考えられます。まとめてみましたので、商品は違ってもあなたの工場に応用して、チェックしてみてください。

①機械投入のタイミングなどの調整ができていない。

②機械のメンテナンスが悪い：チェーンが伸びていたり、ガタが発生していたりするなど、いろいろある。

③ナイフの刃の入り方が浅く、不割卵の原因になっている：卵を割って卵黄、卵白、卵殻に分離する割卵が上手くいかない。

④ナイフの入りが深くて卵黄が乱れる：割卵して商品化するのに、黄身にキズがついてしまう。

⑤スプリングの摩耗や損傷でナイフの入る勢いがない：上手く割れないので、不割卵になる。

⑥原料卵が悪い：鮮度が悪い（日付が古い）、破卵が多く混入、正規の重量でない。割卵工場が卵の余剰処理場と捉えられていることが、未だにある。

⑦液卵の充填量がオーバーしている：10kg入りに70g多く充填すると、〈70g÷10kg＝0・7%〉も悪化する。

⑧冷蔵庫保管による卵の水分の蒸散：卵相場の安いときに買い込んで冷蔵庫保管し、数日後に割卵する場合、卵の水分が蒸散することを想定しないといけない。60gの卵を冷蔵庫保管すると、卵1個につき1日0・02g蒸散する。

⑨洗卵槽内での卵の割れ：卵が生産ラインに供給されるとまず洗浄される。そこで割れると菌汚染され、菌の増殖とともに腐敗につながる。
⑩不割卵：ナイフで上手く割れない卵は投げられてしまう。

歩留まりの悪い原因として、以上のようなことが挙げられます。

別に卵でなくても、また業務が違っても、上手くいかない理由は似たようなところに潜んでいるものです。問題解決の最大のポイントは、すべて細分化して考えることです。細分化して分析すると、原因が見えてきます。

では、その問題の原因をなくしていくには、どうしたらいいのでしょうか？

私は、まずすべきことは「ツール・ボックス・ミーティング」だと思っていますし、実際そう指導しています。これは、現場の人たちがお互いに問題点を投げかけ合い、話し合って「こうしよう」「ああしよう」と決めることです。

ツール・ボックスとは工具箱のこと。ツール・ボックス・ミーティングは、工具箱に座って現場の皆でミーティングをすることをいいます。それができないときは、朝礼でトップダウンでもいいでしょう。

そういうことを踏まえながら、とにかく実行していくと改善は着実に進んでいきます。

ロスは川上で防げ、川下まで引き延ばすな

割卵する場合、割卵機にかからない卵は全部ロスになります。したがって、トラックで割卵工場に運ぶ前の農場集卵時点、またGPセンターでの洗浄前、パッキング時点など、それぞれ格外卵発生時に衛生的に手割りをし、袋詰めにして液卵工場に移送すればいいのです。

農場での大汚卵は、時間の経過による汚れの硬化から、割卵前洗浄では汚れが落ちにくくなり、それが細菌発生の原因ともなります。

そのため、あらかじめロスを軽減するような仕組みをつくっておく必要があるのです。それなのに、運搬距離が100㎞や200㎞もある割卵工場まで運んで、結局は時間切れで廃棄になるからロスにつながるのです。川上で防いでおけば、川下まで流れてこないということを、きっちりと頭に入れておいてください。

卵は、温度が20℃を超えると一気に細菌が増殖し、腐敗につながっていきます。割卵し

て客先に届けても、腐敗して菌が増殖し食中毒を起こす可能性もあるのです。ですから、温度チェックは欠かせません。

菌をコントロールするには、受け入れ時の注意事項を厳守する必要があります。まず色、匂いのチェックが必要です。殺菌処理するから大丈夫という感覚があるかもしれませんが、悪いものを排除せず最初から混ぜてしまうために、汚染の範囲が広がってしまうのです。

割卵作業工程では、割卵して残った卵はポリ袋に入れますが、ポリ袋に付着する卵黄の残液量は半端ではありません。その残りを取り除く作業をしたり、それを次の日に開けたりすると、その部分は二重ロスになるのです。

ポリ袋に使うお金もロスになります。1枚15円するものを1日何枚廃棄しているか。こうしたことに、もっと敏感でなければなりません。ゼロにはなりませんが、3分の1、5分の1にするように指導しています。

卵黄の残液量は、歩留まりが悪化する大きな問題になっています。そのまま置いてあるのを見つけましたが、無茶苦茶残っているので重量を量ったら、150gありました。問題個所として、見過ごすことはできません。そんなに急がなくても、袋をしっかり折りたたんで残液が残らないように絞ればいいのです。

卵の液が下にこぼれ、床に流れているようなことも、日常茶飯事でルーチン化しています。最初にストレーナーを交換するときに、下にちゃんと容器を置いてから外し、床にこぼれないようにすると、別にロスにはならないのです。

こんなもんだと思い込んでしまっているところにこそロスが潜んでいるので、常に疑問に思うことが必要です。

ルーチン化したロスが無茶苦茶多いので、それを少なくすることが大きなポイントです。ひどいところでは何トンもロスが出ているにもかかわらず、黙認されています。ロスはゼロにはできなくても、最初は10g、次には20gと回収の努力を重ねていけば、必ず収益の増加というかたちになって返ってきます。

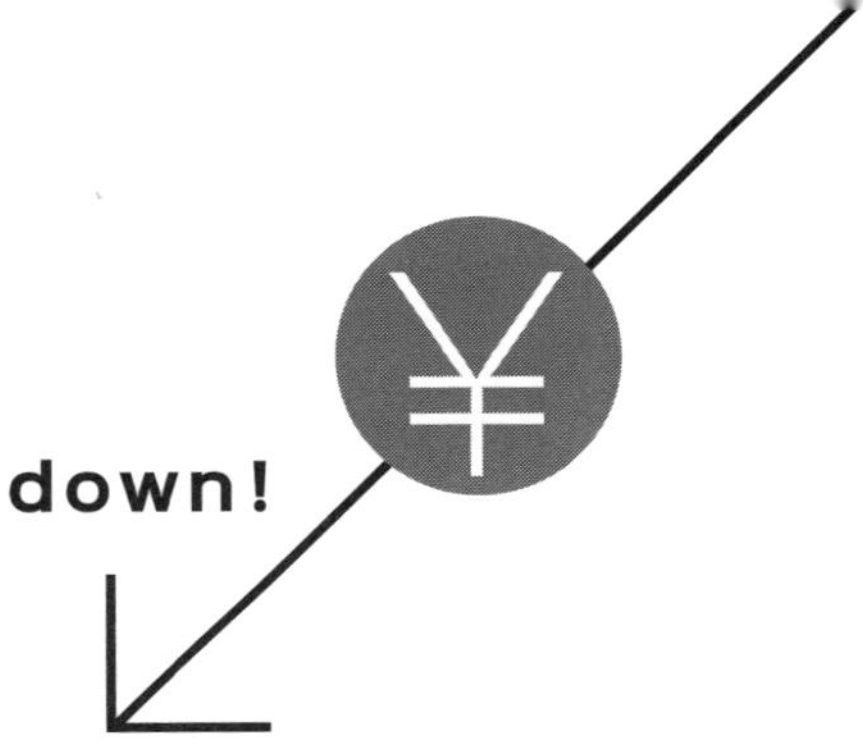

第3章

経営者なら知らないと困るコストダウンの手法〈Ⅱ〉

整理・整頓・清掃はロス軽減の大前提

私が平成元年に入社した鶏卵生産会社は養鶏場を経営し、当時650万羽もの鶏を飼育するなど発展途上にありました。ただ、製造、加工、購買、物流の各部門を統括する人材が十分には育っておらず、前の会社で経験を積んできた私は全工場の責任者として管理を任されました。

私はさまざまな面で業務改善に着手しましたが、その一つが生産計画の策定でした。それまでは、たくさんつくってたくさん売りたいという気持ちがはやり、卵が生まれたら生まれただけ入荷するものの、売れなければ在庫として残る。つまり、今月どれだけの卵が入ってきて、営業はどれだけ販売するのかという流れがほとんど見えない状態だったのです。

私の仕事は、そういうところの仕組みを基礎から立ち上げていくことでした。その結果、経営陣や従業員の努力が実を結び、「一貫生産・品質管理システム」を標榜できるまでになりました。

ただ、当初は他にも多くの問題がありました。そのなかで、最初に手を付けたのはコストダウンです。たとえば、パックの資材などは相見積もりも取らず、昔からの流れで発注を繰り返していたため、割高になっていたものもありました。また、納入業者に在庫管理まで任せていたため、不要な在庫が山となっていたりしました。私はまず、こうした問題の解決に取り組みました。

ところで、工場では「整理・整頓・清掃・清潔・躾《しつけ》」の「5S」は基本中の基本です。現在は、これに「洗浄・殺菌」を加えた「7S」を実行しています。

5Sや7Sは、歩留まりアップやロス軽減などを実現する大前提であり、生産管理・品質管理の前段階の取り組みとして欠かせないものです。食品工場で5Sや7Sがきちんとできていたら、相当なコストダウンが可能になります。

私は工場を定期的に巡回し、問題個所を写真に撮り、朝礼や会議で発表しています。指摘するには、写真を撮って見せるのが一番で、「これは何とかしないといけない」とすぐわかるのです。それでも、いつまでも改善されないこともあり、そのつど指摘して、改善するまで諦めない姿勢で臨んでいます。

私の指摘は、本当に細部にまで及びます。たとえば工場では、バルブの色分け塗装も大切なことです。水は青、蒸気は赤というようにすると判別しやすくなります。ただ、インの配管は色分けでわかっても、アウトがどこにつながっているのかわからないものもあります。それを、誰が見ても理解できるようにするのです。放っておくと、事故やトラブルの原因になりかねないからです。

同じように私は、配電盤内の整理と清掃までチェックします。

問題として繰り返されるのは、木製パレットの立てかけです。倒れたら危ないとわかっていても、すぐ同じ状態になるので、しつこく注意します。

資材の整理・整頓は基本であり、入荷日表示が必要です。先入れ先出しが問われます。資材は本来、パックメーカーが納入の際、所定の場所にきちんと並べることになっていました。ところが、従業員が一生懸命運んでいたりします。自分の業務外のことをしているということは、その時間のロスにつながります。この従業員は、自分はチェック機能を果たさなければいけないという、本来の役割を忘れているのです。

食品工場では、作業の際にシャッターを開けたら、それが終了したときには必ず閉めるのが原則です。シャッターがオープンになったままになっているのを時々、見かけましたが、開けっ放しは許されません。基本的には、前述したように整理・整頓・清掃・清潔・躾・洗浄・殺菌の7Sを忠実に守らないと、工場の改善は進まないのです。

そういうところがちゃんと機能し出すと、皆の意識のレベルが自然と高くなります。

余分な仕事をして無駄をつくるな

商品を入れるためのダンボールにテープを貼って、準備をしておきます。ところが、昨日作ったダンボールを全部処理できないうえ、1週間前に作ったダンボールが奥に放置されていたりします。使うときは手前から取っていくので、奥の段ボールに虫が混入してクレームになる可能性だってあります。

そのため、作り置きするなら3箱までというルールを設け、余分な仕事は一切しなくていいというようにしました。余分な仕事が無駄をつくるのです。

昔から、ちょっと手が空いたら、段ボールを作ってドーンと溜めるということが習慣化していたのです。私は、空いた時間ができたら、その時間を清掃に使ってくださいと指導しました。きれいにすることは、食品工場としての使命です。まず、そちらを優先してやるように切り替え、それで時間短縮できるようにしたのです。

ところが、時間を短縮すると、パートの人たちは時給が下がります。それで、皆どうするかというと、早く帰りたくないから余分な仕事をし始めます。そこで私は、30分でも早く仕事が終わったら、その時間、休憩室で皆と一緒にコーヒーを飲みながらディスカッションするようにしてもらったのです。

コーヒーを飲みながら、そこにちょっとクレーム防止とかの教育を入れた話をします。そうすると、皆は和やかに聞くのです。5時までの時給は保証してあげればいい。会社はピカピカになって、クレームが出ないようになる。そういうちょっとした工夫で、成果をいっぱい生んできました。

私が最初の会社で責任者になった40年前、1年間のクレームが71件もありました。上司から「来年35件以下にならなかったら、どうなるかわからんぞ」と言われ、その半減を目標に掲げました。原因と思われることを徹底的に細分化して検証、ラインのチェックの見直しや機械の整備、検知機の導入などの改善策を取り、クレームの撲滅に成功しました。

従業員の協力なくして達成不可能ですが、その従業員の士気があるとないとでは結果は全然違ってくるのです。クレームゼロによる無駄の排除、ロスの軽減がもたらすメリットは計り知れず、しっかりと利益貢献につながっています。

私は、皆の力でクレームの撲滅やコストダウンができたときには、朝礼で発表して表彰し、成果の一部を報奨金、あるいは食事会などのかたちで、従業員に還元するようにしています。現場が動いてくれたからこその成果ですから、当たり前といえば当たり前。むしろ、それで現場が盛り上がり、従業員の意欲に跳ね返ってくれれば、会社に対するそのプラス作用は何倍にもなると思っています。

コストダウンが達成できたとしても、もし従業員満足につながらないのであれば、それは成功とはいえないでしょう。

もともとコストに意識は向かわず、ましてや興味など示さないのが普通です。そうした一般的な従業員が頑張って取り組んで、成果を上げても何の還元もなければ、次からは取り組む意欲も失ってしまうでしょう。ですから、どうやって従業員満足につなげるかを考えることは、コストダウンとセットなのです。

仕入れ先には必ず競争させよ！

購買管理で大切なことは、言うまでもありませんが、発注先や仕入れ先に対して自社の方針をきちんと説明・交渉し、原料や資材を適正価格で仕入れるようにすることです。自社の事情から、どうしても価格が折り合わなければ、値引き交渉も必要になります。

したがって、自社にとってできるだけ有利な条件に合致させるためには、仕入れ先を複数社リストアップし、競合させると、納得性の高い取引が実現できます。現在の購入先と価格を比べるために、他社から見積もりを取るのは当然のことです。

ところが、相見積もりも取らない、価格をじっくり検討もしない、現在の業者が出す価格に疑問も持たない、業者の見直しもしないという、ないない尽くしの購買担当者が存在するのは不思議でしょうがありません。

なぜ、そういうことになるのか？　本人はそれほど意識していないかもしれませんが、業者との馴れ合いがあるでしょうし、過去からの取引上のいろいろなしがらみが強く影響しているからかもしれません。

しかし、経営者にしてみたら、1円でも安いところから仕入れたいのが本音です。ですから、何の努力もしないで現状の仕入れ関係を維持していることは、怠慢との批判を受けても致し方ありません。さまざまな事情を打破していくべきなのに、そうならないのは、改革を嫌うサラリーマンの仕事になっているからです。

コストダウンができてしまうと、「どうして早く手をつけなかったのか」と追及されるのが怖いのかもしれません。自分のプライドを傷つけられたくないという気持ちが強く、変化することはすべて先送り。自分が担当している間は少しでもリスクのあることは避ける、そんな消極的な気持ちになっているのかもしれません。

私のコンサルティング先の購買部長は、若手を使って仕入れ先と交渉をさせ、自分が印鑑を押して決済していました。しかし、新たな仕入れ先を提案しても「いままでのところでいいじゃないか」の一辺倒。延々と、従来の業者を使い続けてきたのです。そこに、私がコンサルティングで入り、ドーンと購買関係にもメスを入れました。

資材の購入先の一覧表の提出を求めたところ、単価表が出てこないのです。私には、たとえばある資材については単価12円以下という具合に目標価格があるので、これまではどういう単価なのかを知る必要があったのです。

そこの経営者は「コンサルタントの言うとおりにやりなさい」という考えでしたので、「いくらで買ったのか。単価表を持ってきなさい」と命じました。

そうすると25円で、在庫が30万枚もあったのです。なんと3年分です。過剰在庫はコストダウンを阻害する、最たる要因です。

なぜ、そんな仕入れ方をしていたのか？　業績を上げたい業者が在庫管理まで行い、購買責任者は言われるがまま判を押していたようです。そんないい加減な状態を長年継続してきた背景として、馴れ合い関係を疑われても仕方ありません。仮にそういう関係がなかったとしても、改善とは正反対の状態を放置してきた責任は免れません。

もう一つ違う例を挙げましょう。

ある会社が設備を導入する際、そこの購買責任者は3億円を提示する業者と取引することにしました。ところが、経営者がその件で私に問い合わせてきたので、「私のところなら、1億5000万円でできる」と答えたら、すぐやってほしいと言ってきました。そうすると、納入予定の業者は、今度は2億円に下げてきたのです。

では、その1億円の差は何なのかということになります。私は1億5000万円で稟議書を切って、最終的に私に発注が決まり、そこからもう1回詰めの交渉があって、実際には1億3000万円の取引でした。

最初の3億円の半分以下ですが、購買責任者と納入業者の関係は不自然だと言わざるを得ません。競争がない関係には、悪しき馴れ合い、怠慢の土壌が培われていくことを自覚するべきです。健全な競争関係を構築していくのが、コストダウンの必須課題です。

競争なくして改善は生まれない

私には、自分が購買責任者に就いて仕入れ先の見直しを行ったとたん、購買費がドーンと下がったという体験があります。前の担当者は、いままで何をしていたのかということになります。

その会社で、私は過去の取引や習慣に囚われずに、切るべきものはズバッと切るというやり方を行ってきたので、反対者が相当いました。それでも、コストを一気に5～10％下げることができたのです。なあなあでコスト意識なく、いい加減できたところに、競争原理を導入するのは当然なのです。

だからといって、何が何でも従来の取引先を排除する必要もありません。参考見積もりを取って、3円で購入していたのが、2円70銭で購入できるとします。そこで、現在の取引先には、2円70銭で交渉するのです。見積もりを提出してきた会社に対しては、まったくゼロ回答というわけにはいかないので、現在の仕入れの10〜15%くらいはそこから購入します。

そうすれば、10%は改善できるのです。競争がないところに改善は生まれません。競争が存在することによって皆、姿勢を正すようになり、いままでの納入業者もきりっとしてくるのです。私自身必ず、最低でも2社から購買してきました。

仕入れ先に対しては、いくら仕事が欲しいからといって赤字では絶対仕事をするなと言っています。無理して赤字でやってもらっても、続くわけがないし、経営としても不健全だからです。

だから、必ず原価プラス運営費は取ってもらうが、たくさん取ってもらう必要もない。ビジネスとして採算の合う「適正利益」を取ってもらう分には、大いに結構なのです。

私は、自分が売り込みに行くときも、取引の全量を私のほうに代えてくれとはお願いしません。「2社購買で、何かあったときのリスクヘッジでいいじゃないですか」「うちは10%からスタートさせてもらってもいい」と交渉します。そうすると、通常なら検討してくれるはずです。

そして「供給体制とかサービスで御社に納得いただけるなら、そのまま継続してほしい」「何ヵ月後かには10%を、15%とか20%にお願いしたい」という要望をしっかり伝えるようにしているのです。

購買や仕入れは、過去の取引や人間関係、馴れ合いに強く影響され、見直しや変更を拒否する姿勢が前面に出てきやすくなります。固い壁が立ち塞がり、改善が遅れてしまい、コストダウンが上手く進まない要因になりかねません。

購入側・販売側のどっちに立っても、正しい取引で生き残っていくために、壁をドンドンと何回も強く突いたり、引いたりしていかないと、前へと進んでいきません。

非常に苦い思いをすることもありますが、どんな状況でも知恵を絞って立ち向かっていかざるを得ないのです。

「生産量を落として経費もカット」は間違い

私にも苦い経験はあります。コンサルティング先の経営改善のため、生産量をV字回復させようと、鶏約10万羽を私の会社のリスクで導入しました。ところが、その会社は代金の一部を支払いません。結局、訴訟になって全額回収しましたが、当の会社はその後倒産してしまったのです。どういう顛末だったかというと――。

この会社は、利益性が非常に悪いこともあって、銀行の指示で公認会計士が途中から介入してきました。生産量を落として非効率的な部分をそれぞれカットしろというのが、銀行や公認会計士の指示です。

それに対して私の主張は、それを行っては駄目で、経費はすぐには下げられないし、基本ベースである分母としての生産量はきちんとキープしなければいけないというものです。V時回復して生産量が上がって分母が増えてきてから、分子に当たる効率の悪い経費をカットすべきなのです。

何回もそう言っているのに、公認会計士は「生産量を落とさないといけない」と銀行にも説明し、それを強引に敢行しました。その会社の生産高は月900tあったのが800t、700t、660t、620tまで落ちていったのです。

分母の生産高が620tになったら、分子の経費が2割3割下がるかというと、人件費や光熱費といった一般経費をそうは下げられません。逆に、分母が減ってくると、1kgあたりのコストが上がるので、収益がますます悪くなります。

そこで、私はリスクを顧みず、生産量を上げるため、前述したように約10万羽入れました。10万羽というのは約150tの生産量。620tに対して150t足して770tを分母として割るのと、620tで割るのとでは大違いです。

配送経費と同じで、1t運ぶのと800kg運ぶのと、運賃が変わらなければ1t運んだほうがいいに決まっています。いずれにしても、生産量を落として効率の悪いところをカットしていったら、余計に収益力が落ちていって、とうとう倒産してしまいました。

分母の生産量を落としたら、絶対に駄目なのです。皆さんは、どう考えられるでしょうか？

公認会計士の言い分である「生産量を落として経費もカットする」のが常識で、正しい判断なのでしょうか。であるならば、私は言いたいのです。「常識を疑え！」と。実際、生産量の低下に比例して経費も低下する、ということはあり得ません。

仕入れは必ず複数社を競合させせよ！

社員6人で年商3億円の電気工事会社の業務改善を手がけました。仕入れを見直して大幅にコストカットし、そこから生まれた原資を営業活動に活用し、年商は5億円になりました。

たとえばコストが10％高いということは、それが10％下がれば、売上げが上がらずとも、利益は10％上がるということです。経営者がそういう認識に目覚めて行動するようになれば、会社の経営は一変します。

この会社の社長は、あまり儲かっていなくて不満ばかり漏らしていたのを私の友人が聞いて、コンサルティングを勧められ、私が紹介されたのです。現状を見ると、一番の問題は、過去からの流れの仕入れにこだわっていることが一目瞭然でした。

いろいろな理由が考えられます。先代からの取引先だとか、社長の友人が経営する会社だとか……。しかし、こうしたしがらみは、いったん排除する必要があります。幸い、私のようなコンサルタントの場合、外部要因は関係なく改善に集中できるのがメリットです。
もちろん、ある程度はしがらみも尊重しないといけない面もありますが、自社が生き残るために何が重要かということを踏まえないといけないのです。ですから、基本はすべてオープンにしてコスト競争をしてもらいます。

その際のポイントは、こうです。

①「先代からの取引先だから……」というしがらみは、コストダウンには天敵。
②まずは相見積もりを取り、適正な取引になっているかを知ることから始めよう。

購入はA社と決まっているのを、A社だけでなくB社も検討してみるところから入っていきました。B社から見積もりを取ると、A社が無茶苦茶高いことがすぐ判明したのです。A社を全部断るのでなく、AB両社と価格交渉をします。A社から買うこともあればB社から買うこともある。そういう考え方をしないといけないのです。

赤字でやってくれとは要求しません。必ず自社の利益と経費は乗せたうえで提案してもらいます。1回だけ赤字で出して、次にドーンと上乗せするというやり方は困る。その代わり、やるからには継続すると伝えます。

いずれにしても、コスト重視で厳しい交渉をします。ただ、相手に体力があるか否かは見ないと、安く仕入れられたと思ったら1ヵ月後に倒産してしまったというのでは、何にもなりません。安ければいいということではないのです。

また別の会社ですが、資材のラベルを購入している業者の信用調査を行ったところ、売上げや利益の状況から見て、いつ欠品を起こしても不思議ではない状況でした。取引は危険だと判断し、ラベル業者を切り替えるために、ふさわしい業者を何社か調べました。

そのなかから申し分ないと思われる業者を決め、営業関連の印刷物の印刷も同時に要請することを織り込んで交渉を実施するようにしました。仕入れ先を決めるのは、コストダウン目当てだけではないのです。

これはまったく異なる話ですが、ある業者と商談し、詳細はいつまでに連絡するということでした。ところが、かなり日が経っても音沙汰がありません。私は、会社の業績内容で何かあるかもしれないと推測してしまい、要注意取引先として位置づけしました。本当は、そういうことではないとしても、連絡してこないという時点でアウトなのです。

一方で、最初から値引き目的で、日にちを決めて業者と膝詰めで交渉することもあります。ボイラー工事で、注文書では175万円であったのを160万円までダウンさせることができました。すでに発注をかけていたのですが、そうでなかったら、もう少し値下げできていたかもしれません。

設備投資は慎重に行わなければならず、検討することも多いので、業者との交渉はシビアにならざるを得ません。

収益を生むコストであるかを見極めよ！

前述した電気工事会社の仕入れ先の見直しで、30％くらい一気にコストは下がりました。競争して、同じ値段だったら今回はこちらから買うけれど、次回はあちらから買うという線引きをきちんとしました。競争しながら仕入れをするという方法に変えたのです。

コストカットで利益が上がるので、営業活動の原資ができます。そこから提案型営業を展開することにより、さまざまな工事を受注できるようになったのです。

そんなことで、最初の1年間で売上げはボーンと上がりました。

やはり、大切なのは、最初の現状分析をしっかりしたうえで鋭くメスを入れることです。

仕入れをするのにコストカットというと、相手を泣かしてでも無理やり下げるというイメージがありますが、そういうことではありません。贅肉で仕事をしているところをきれいに削ぎ落とし、スリムにするということなのです。

私は、仕入れに加えて人の管理として、すぐ手当の見直しをしました。従業員のやる気を高めることは経営の健全化を図るうえで不可欠です。

仕入れと人の管理の両面が、生き残っていくための第一の作戦なのです。不要なものにはコストをかけない代わりに、収益を生んでくれるはずの原資である人に対して、きちんと査定をして必要なコストをかけないといけないのです。

すると、利益を使って販売攻勢をかけようと営業にも勢いがつき、相手に提案して売り込むようになって、見違えるように競争力がつきました。収益性を高める可能性がある提案営業に対して、コストをかけるのは当然なのです。

利益が出てもいない、人に対して見合ったコストも渋るような管理の仕方で、「頑張れ」とけしかけられても、営業マンは頑張りようがありません。

利益に対する考え方が変わると、外部に出るお金の無駄をいかに省いてコストダウンしていき、利益を確保するかという経営に変わっていきます。これまでは、限られた原資が適切に配分されていなかったのです。

必要なところにはコストをかける、不要なものにはコストをかけない。そういうメリハリのある判断がつくようになって、体力ある経営が培われていくのです。

小さな会社でも「やろう」と意欲が生まれ、少ない資金でも大きな仕事を取ってくる気持ちが湧き上がってきます。足元ばかり見ていては、先を見越した経営はできません。新しく生まれた利益を足がかりに、少しでも将来的な経営ができるようにするのです。

物流合理化は、まず配送効率を高めよ！

私は、鶏卵生産会社では物流も担当していたので、その合理化は最大課題でした。そのなかで、配送コスト、配送コースの振り分け、配送品質の向上、誤納品・配送ミス・クレームの防止、客先信用のアップ、伝票回収100％、センター化など、さまざまなテーマを抱えていました。

言うまでもなく、コストダウンでは配送効率をいかに高めるかが大きなポイントです。

運送会社に依頼する配送コース、配送料、配送重量が見合っているのかどうか。トータル配送重量、トータル支払い金額、トータル物流コストなどについて現状分析が必要です。

重量と配送料から1kg当たりのコストが算出できます。それらを踏まえて配送効率の目標設定をします。

お願いする運送会社との商談では、私は配送コストについて、いつも次のようにしっかりと説明します。

「卵の世界では『運賃／kg』なので、運送業としてのコストダウンの改善について提案してほしい。品質向上、自己記録などの必要性を認識してほしい。伝票はお金である。それを紙切れと解釈しているから、忘れたりする。伝票を大切にしていただきたい」

積載量4t車で製品を満載（箱の重量があるので、製品自体は3t200kg）し、1ヵ月25日運搬したら〈3t200kg×25日＝80t〉になります。ですから、月80t運べば配送効率は100％です。

仮に配送効率が50％しかなければ、やはり低すぎで、もっと高める必要があります。一気に70％、80％に持っていければいいのですが、いきなりそこまでいくのは無理です。ですから、まずはたとえば70％に持っていくようにします。

70％の目標に対し、現在の50％では20％の開きがあります。1日に配送する重量は、50％で1t600kg、70％で2t240kgです。この640kgの差を埋めるのに、どうすればいいかを考える必要があります。

仮に卵を運搬するとして、640kgというと、どのくらいの量でしょうか？　卵1個の平均重量は64gです。したがって、1p（パック＝10個入り）が640gと仮定すると、100pで64kg、1000pで640kgになります。

そうすると、目標に対する640kgの差として、1000p余計に配送しなければなりません。配送量に対して、配送する取引先を満たしているのかが問題です。少なければ、営業に頑張ってもらわなければならないのです。

足りない部分は、配送コース上で新たにお客さんを獲得していく必要があります。この例では、1000パックを余計に納品できる客先を新規開拓して、配送効率を満たすことができるようになりました。

配送はトータルな視点から捉える

前述したように、配送効率100%というと、4t車であれば1日3t200kg積んで配送すると仮定し、1ヵ月25日稼働で80t運ぶことになります。ドライバーが2交代で運搬するならば160t運べます。

繰り返しますが、違反のない配送と仮定すれば、マックスで1ヵ月〈3t200kg×25日＝80t〉運べば配送効率は100%なのですが、実際に何トン運んだかを計算すると、30〜40%しか運んでないケースも少なくありません。

配送の合理化とは、1ヵ月の配送費に対して何t運んだかが基準になります。運送会社には4t車で1コース運んでもらったら、1コース分の輸送費を支払います。

たとえば60万円支払って60t運べば、1kgあたり10円かけて運んだことになります。しかし、60万円支払って80t運んだら、配送コストは8円もかからないのです。

目標を立て、それをクリアしないのは配送量の問題なのか、配送費の問題なのかを考える必要があります。私は、少なくとも配送効率は70%以上必要ではないかと思います。4

t車で配送効率70％以上を目標にすると、1ヵ月56t運ばなければなりません。40tしか運んでいなくて配送効率50％の場合、まだ少なくとも16t以上は運べます。すると、配送先のお客様それぞれに10％余分に取ってくださいとお願いできれば、それは一番簡単です。納品先も変わらずに、降ろすのも100kg、200kgでそう変わりありません。とはいっても、現状それは難しいので、前述したように配送コース付近のスーパーなどへの新規納入を検討しなければならなくなるのです。そうすると、納入候補先をリストアップして、納入条件などを調査する必要が出てきます。

工場の業務改善からはみ出た考えのようにも思えますが、工場と同じようにスーパーでもラックに対する卵の積み方が問題になることもあります。スーパーによっては、運び方が決められている場合もあります。

配送コストからは、ダンボールに入れて重量を重くし運ぶことも考える必要があるかもしれません。配送効率を1％、2％でも改善するためにどうするか。それが、物流の合理化では大きなポイントになります。

商品の納入遅延、配送トラブル、事故などはあってはならず、もし発生した場合、多大な補償問題に発展しかねませんし、無駄なコストが生じてしまいます。

売上げ、あるいは利益の減少に伴う補填と共に、深刻な影響を与えるのは客先に対する信用損失です。

信用回復には時間とコストがかかります。こうしたことがないように、配送はトータルな視点からコントロールしていくことが大切です。

現状の配送業務が手狭になってきたため、近辺でのセンター化を目指すことになるようなときも、配送コストを現況から増えることがないようにするのが条件となります。

そのため、いまの取引配送業者の仕事をそのまま引き継いでいき、トータルで配送による合理化を図っていくなどの方針を、よく検討しなければならないでしょう。

値引き交渉は下限からスタートする

防虫サービスで、年間で125万円の契約をしていました。担当者が来社した際、コストダウンを要請するため「決裁権を持っていますか?」と聞きました。「ありません」という答えだったので、「決裁できる人を呼ぶか、ここで電話して決裁を仰いでほしい」とお願いしました。担当者が会社に電話しましたが、上司につながらず翌日に持ち越しました。

翌日に担当者から電話があり、「支店長が一度お会いしたいと言っている」とのことで商談日を決定。コストダウン対策としては必須項目なので、私としては１００万円を目途に交渉するつもりでした。１２５万円をいきなり１００万円に？　強引でしょうか？「１２５万円を少しでも下げてほしい」という交渉の仕方を、私はしません。それだと、相手は１万円ずつ下げていくかもしれませんし、埒《らち》が明きません。お互いが納得するまでには、時間がいくらあっても足りないでしょう。

この場合、いくらで決まるかが重要ではなく、私には下限の目標があって、それをスタート点として交渉を始め、そこに近づけることがポイントなのです。

いくらで決まったかはご想像にお任せしますが、コストダウンは結果ではなく、必達目標なのです。そうでないと、過去のしがらみやら人間関係やら何やらで、妥協を重ねてウヤムヤになりかねないのです。

この業者に、別の機会に空調洗浄作業を依頼したことがあります。そのときの初回見積もりは81万円でした。2回目の交渉で75万円になり、最終的には49万円で発注しました。

もちろん、内容はそのまま。価格だけ、ダウンさせたのです。交渉は粘りです。それにしても、業者は最初の見積りをどれだけ膨らませていたのか……。

次の交渉例です。27台保有するエアコンのメンテナンスをすることになりました。ある会社から約85万円の見積もりがありました。

〈85万円÷27台＝3万1481円／台〉

1台が約3万1000円となり、比較的妥当な金額にも見えます。詳細を検討してみました。5人が1日6時間、2日間、作業するとします。

〈5人×6時間×2日＝60時間〉

〈85万円－経費（洗剤など2～3万）＝82万円〉

〈82万÷60時間＝1万3666円／時〉

時給が約1万3600円にもなります。私としては、これを認めるわけにはいかないと説明しました。これが、細分化による分析です。

もし先方が見積もりを訂正しなければ、他の会社に依頼することを検討することになります。

down!

第4章

コストダウンを3ヵ月で達成するための鉄則

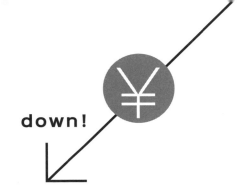

メリハリのある朝礼から一日は始まる

本章では、前章を受けたかたちで、業務改善やコストダウンを実現するために、経営者が忘れてはいけない鉄則について述べていくことにします。

まず朝礼、プレメンテナンス、取引先とのしがらみの排除、従業員のモチベーションアップなど、私がこれまで実践してきたことをいくつか挙げたいと思います。

私の仕事は、会社勤務時代も、現在のコンサルタントの仕事でも、朝礼から入っていきます。しかも、とくにアルバイトやパート従業員を対象にして行います。なぜなら、その人たちが工場や現場のラインの最前線で働いて、生産性の向上などに関与しているからです。

彼らの意識向上なくして、業務改善もコストダウンも不可能です。効率をいかようにも上げることができる一つ一つの作業に関わる人たちにこそ、私は直接に話をしっかりと伝えたいのです。私が、コンサルティングで社長や役員、幹部の人たちだけに話をしても、その内容が下まで伝わっていかないことがほとんどです。社内で伝達事項を上から落としていって伝えようとしても、なかなか思うように末端まで通じないことは日常的に経験していることです。

情報共有が難しいなかで、朝礼は最もコミュニケーション機能に優れています。それでも情報が皆に行き渡っているわけではないことに注意しなければならないでしょう。いつも全員が参加しているわけではありませんし、聞いていても次の日、次の週には忘れてしまう人がほとんどだからです。

「こうしようと伝えましたが、実行していますか？」と前回のことを持ち出しても、案の定「聞いてない」という人たちが少なくありません。どうでもいいような雑談をしているわけではないのです。

コストダウンにつながることや、絶対に注意してほしいことの話をしているのですから、伝わっていないということは、やはり問題です。だから私は――、

①毎回、最初に前回の要点をしつこく繰り返すようにする
②伝えたい項目を個条書きにして、一つ一つ区切って話す

――ようにしています。そうしたほうが、少しでも理解されやすくなります。

最初は新聞に載っているような話題を少し話し、今日の予定や目標に触れます。「次回までにこういうことを目標としてやるよ、それを今日、会議で話をしておくから」と、目標を確認します。その目標とは、稼働率だったり歩留まりであったり、生産性向上に関わる具体的な数字です。

最後にちょっと笑いを誘うネタで楽しませ、「頑張ろうや」と言って締め括ります。そういう調子で、メリハリがあって、気持ちを引き立たせる朝礼から一日が始まるように工夫してきました。

皆が目標を持って一日を有意義に過ごせるかどうかは、朝礼次第ではないでしょうか。

すべての実務の基本である朝礼を活かし切る

私なりに工夫し、長年継続してきた朝礼のポイントを挙げると、次の2点です。

①歩留まりなど昨日の実績と、今日の目標を数字で、毎日きっちり伝える。

②ミスは個人攻撃にならないように伝え、全体の改善につなげる。

まずは昨日の実績を反省します。必ず数字で追求し、「やりました」「頑張ろう」のような言葉のやり取りだけでは駄目です。

部下の「歩留まり83％でした」に対し、私は「目標はいくらだった？」と聞き返します。「85％です」と答えると、すかさず「2％足りないのはどうしてか？」と理由の説明を求めます。

従業員は皆、その答えをわかっているのですが、パッと言えれば褒めてあげます。その程度のことは答えて当たり前で済ますのではなく、いちいち褒めるということが大切なのです。なぜならば、歩留まり1％の違いは、金額にすると莫大な差だからです。改善とは、この1％の差の積み上げです。

仕事のミスは朝礼で伝えることが大切で、ちょっとしたミスを起こした背景や理由に本当の問題点が潜んでいる可能性があるからです。それは皆がミスをしやすいということなのです。

ミスは予防のシグナルであり、改善のチャンスです。皆で改善を考えるようにすれば、取り上げることで個人攻撃になることはありません。

改善にあたっての注意と要望をきちんと数字で伝えます。それは数字として返ってくるのです。少しでも数字がよければ、褒めてあげます。

私は、朝礼前と後に工場を巡回してチェックし、重要な問題点は会議のテーマとして検討し、その結果をまた朝礼で伝えるようにしています。朝礼を軸としながらいろいろ実行していくと、目標とする数字はすぐ上がっていくことを、身をもって経験してきました。

私は、大手食品会社で工場の割卵の責任者を務めました。最初の1年間は、工場間の業務改善競争でどん尻でしたが、2年目からはダントツ1位になるようになりました。それは、朝礼の実践による成果以外の何物でもありません。


私は当初、朝礼で上手く話すことができませんでした。割卵の責任者になって、新任挨拶をしたときのことです。70人くらいの従業員を前にして、高い台の上に乗って話そうとした瞬間、頭が真っ白になってしまいました。

声を出そうとしても出ない、ろくにしゃべれないのです。その間、1分過ぎたのか2分過ぎたのかよくわかりませんが、耐えられない経験をしてしまいました。こんなことでは駄目だと反省し、次の日から、「おはようございます」から締めの言葉まで話す内容を全部書いて、話すようにしました。それを半年間継続したのです。

話す時間は、ほとんどが3〜5分で、長いときでも10分です。皆が緊張感を持って聞けるのは、そのくらいの時間なので、長くは話しません。

半年続けるうちに、個条書きにしてポイントだけ書いて、強調したりする話術も身に付いてきました。慣れてくると、いろいろなことが口をついてポンポン調子よく出てきます。「ポイントは?」と聞かれたときでも、そこだけ要領よく話せるようにもなりました。

朝礼で次第に話術が磨かれていき、定年退職後コンサルティングを始めたときにもそれが生き、たくさんの人たちとの円滑なコミュニケーションに役立っています。

自分自身の経験上、他人には、話す内容を全部ノートに書き出すことを勧めています。何かに書き記すと、頭に残りやすいのです。

朝礼にすべての実務の基本が集約されている、と言っても誇張ではありません。朝礼を生かし切ることが、非常に大切なのです。

継続が計り知れない力を発揮する

すべて継続していくことが、計り知れない力となることを肝に銘じておくべきです。実は、一つのことを継続していくにも自信と勇気が必要です。これでいいのかという迷いが少しでも生じたら、継続する力は湧いてきませんし、中途半端になってしまいます。

まさに朝礼は、継続なくして成立しません。不定期に間を空け、やるのかやらないのか緊張感なく行っても意味はないし、効果は期待できないのです。

従業員に対するアドバイスも、思い出したようにやっていたのでは、しっかり身に付けてもらうことはできません。毎日の朝礼でアドバイスをし続けていると、知らず知らずのうちに体に染み付いていくのです。

何が大事なのかというポイントを押さえてあげるようにすると、よく理解して、響くようにに反応するようになります。そうすると、仕事をしていても要所、要所で気づきが生まれ、気持ちのこもった作業をするようになり、どんどん頼もしく鍛えられていきます。

それと、手放しで褒めることも大事です。

褒めるだけではなく、間に叱ることも入れると、褒めることの効果が大きくなります。7つ、8つ褒めたら、2つ、3つ叱る。「7割褒めて3割叱る」は部下指導の鉄則です。

どうしても朝礼ができないときがあれば、何も一ヵ所に皆が集まる必要もないのです。私は、自分から見回りして言葉を交わします。

整理整頓、清掃をしてきれいになっている場所を見つけたら「きれいになったな」と伝えます。さらに「ここ、担当しているのは誰?」とか「あなたがやっているの? すごいね」と言ったりします。すると、ますますピカピカになるのです。

人間の心理とはそんなものではないでしょうか。整理整頓、清掃が大事なのは、それできれいになるだけではなく、余計な探し物をしたりしないので行動に無駄がなくなるからです。その結果、事故の予防になったり、最終的にはコストダウンに結びついたりするのです。

一人一人のコスト意識を高めるのに、朝礼で少しずつ教えていくことが大きな効果を生むことを、私は肌で実感してきました。

鶏卵パック1枚がいくらで、それを1日どのくらい捨てているか。そういうことをすべて、データで示し、朝礼で伝えます。そうすると、歩留まりが一定してくるのです。

目標90%を目指して実行して、そこまで達成するとします。では、今度は維持していくにはどうするか? 朝礼で常に話をし、また従業員に発表させたりしていく必要があります。そうしないと、とたんに歩留まりは落ちていきます。歩留まりが目標の86%を達成したときには、もちろん朝礼で発表しますし、金一封を出すこともあります。

歩留まり、ロス軽減、稼働率などすべて同じで、継続しなければ意味がありません。それには、朝礼が欠かせないのです。朝礼は、皆が気持ちをリフレッシュさせ、コミュニケーションを促進させ、やる気を醸成する場なのです。

人の気持ちがわからないと、業務改善はできない

「まえがき」で触れましたが、私は15歳から現場で鍛えられ、細分化による分析や歩留まりの向上、無駄を省くこと、コストダウンなどを学んできました。これらは、どれ一つ単独であるのではなく、すべてつながっていることを肌で感じながら、鍛えられてきたのです。

私は、デカンショ節で唄われる丹波篠山の兵庫県篠山市出身です。山中にはイノシシが走っているようなド田舎で、１９６３年に中学を卒業し、兵庫県に工場がある大手食品会社に入社しました。

もちろん高校に行きたかったのですが、家の事情で行けないのはわかっていました。それでも先生が進学を勧めるために我が家まで来てくれ、母親が「お父さんに相談して行か

せるようにします」と言ってくれた、そのことだけでも本当に嬉しかったのです。

それ以上甘えてはいけないと決心して、15歳で就職しました。食品会社に入社したのは、中卒の女子36人、男子は私1人だけで、マヨネーズの製造ラインに配属されました。

水産高校や水産大学を出ている社員が大半ですが、結果的によかったのは、パートやアルバイトの人たちと同じ仕事をずっと経験したことです。そこから叩き上げでやってきたので、現場のことがわかりますし、従業員やパートの人たちの気持ちも理解できるのです。だから、上からどんな指導をされたら、気持ちよく仕事ができて、どう言われたらカチンとくるかもすぐわかるようになりました。

私は、現場の人たちと接するとき、次のようなことに気を遣っています。
①上から命令口調でやろうとするから反感をかったり、事故につながったりする。
②従業員から反感を買って、業務改善やコストダウンなどできるはずはない。
ところで、私が勤めていた工場で作るマヨネーズの主原料は卵と油と酢ですが、卵だけは前の日に割卵し食塩を加えて液卵にしたものを、21kg入りのポリ袋に入れて冷蔵庫に保存しておきます。翌日、それを開けてヘラでかき出して使うのですが、そのスピードは私

が一番速かったと記憶しています。

当時の私は、そんな小さなことにもプライドを持って取り組んでいましたが、いまになって思い返せば、それらのことすべてが経験として現在の仕事に生かされているのだと思います。なぜなら、それによって歩留まりの大切さなどが、皮膚感覚で意識されるようになっていったからです。

先ほど、液卵をヘラでかき出す話をしました。普通、ポリ袋から液卵を取り出すには、封をパッと切って、シュッと絞るだけです。ところが、これだとものすごい量が残ってしまいます。残量を測ると、多いもので150gもありました。大変なロスです。

そこで、ロスを残にしようと、ポリ袋に入れ替えて保管しましたが、これでは二度手間になるばかり。そんななかで考え出したのが、ヘラでかき出すことでした。

残を少なくするために、どうするか？　それを考えることは、現場の知恵となることも学んできました。

こうした日々の一つ一つの作業を通して、歩留まりの対応が身に付いていき、その後の業務改善に大いに役立つことになる――私はこれらの体験から、多くのことを学んできたのです。

物事はすべて細分化すると答えが必ず出る

15歳から工場の業務を経験し、現場で働く人たちの気持ちに直接触れながら仕事を続けてきたことも、私の職業人生に決定的な影響を与えたことは間違いありません。

最初の10年間、兵庫にあったマヨネーズの製造工場で勤務、その後は東京のマヨネーズ製造・割卵工場で工務の仕事に従事しました。主に機械のプレメンテナンスと修理を担当、その仕事が好きだったので猛勉強をして、それがいまの私を支える基礎になっているのです。

新入社員の女の子から「ちょっと機械、調子悪いから見て」と頼まれ、訳もわからずに張り切ってやったら、直すどころかグチャグチャにしてしまったことがありました。「駄目じゃない。あんた、工務じゃないの？」と、その女の子に冷たい目で言われ、怒り心頭に発しましたが、直せなかったのは自分のせいです。グッと、堪えるしかありませんでした。

その機械はアメリカ製だったので、奮起して英文のマニュアルを自分なりに翻訳し、勉強しました。たまたま閑散期で動いていない機械があり、上司に作業終了後の勉強を申し出て、2週間機械を相手に奮闘したのです。もちろん、すべての業務を終えてからで、残業扱いにもしてもらっていません。

機械全体をビスの一つまで分解し、再びマニュアル通りに組み立て直しました。私がいま、「細分化する」という問題解決策を提唱するのは、そこまで徹底するということであり、若いときから身に付けた実戦主義なのです。

トヨタ自動車の創業者が自動車参入を決めたとき、シボレーを買って分解し、すべての部品を原寸大でスケッチしたという有名な逸話があります。まさに私がそうでした。

その機械を分解しているときです。取締役の工場長に見つかって、「何してんだ」とカンカンになって怒られました。「すぐ技術者、呼べ！」ということになりましたが、それでも私は引き下がりませんでした。

2週間で組み立て直して、テストさせてもらったら、まったく問題ありませんでした。私は大いに自信を持ち、一人で大喜びしたものです。

懐かしい思い出ですが、物事はすべて細分化すると答えが必ず出るということを、若いときに独学で学び取った貴重な経験となりました。

こうした経験は、次のようなコストダウンの鉄則になっています。

①「壊れてから直す」と「壊れる前に直す」では、稼働率に雲泥の差が出る。

②プレメンテナンスの意識を現場で高めさせる。

機械が壊れたら必ず機械は止まります。機械が動き出すまで製造ラインは止まってしまうのですから、そのロスは半端ではありません。ですから、予防のために事前にメンテナンスを行います。

プレメンテナンスは一見、無駄なようにも思えますが、機械がトラブルを起こしたときのマイナスを考えると、決して無駄ではありません。壊れてから直すのでは遅いのです。車を快適に運転できるのは、調子の悪い部品は全部、事前に交換しているからです。プレメンテナンスができていると、工場全体が整然とした雰囲気を醸し出しています。

日々点検を行うと共に、項目によっては毎月、3ヵ月、半年、1年ごとなどに、定期的にメンテナンスを実施します。次に挙げるのは、卵生産ラインで実施した1年点検の項目です。項目を確認し、メーカーに指示します。終了後は、実施内容を報告書にまとめます。

アキュームレーター、方向整列、洗卵機、乾燥機、加速装置、フィンガー部、シャッター、原動部、中間バケット、搬送ライン、ディスペンサー、ラベルシューター、トレーライン、パックライン、カップ搬送、ロボット部、コンプレッサー、ヒビ検査、計量器、汚卵・血玉検査など。

プレメンテナンスを行うには、機械の稼働率をきちんとチェックすることが重要です。機械の停止明細で、昨日は何回止まったかといったことがわかります。合計何分止まったか、1分単位で記録してあれば、たとえば40分止まったら稼働率が10%落ちるなどと、問題点を数字で明確にすることができます。そこから、プレメンテナンスをどう行えばいいかなど、対策を講じていきます。

数字に弱くてコストダウンはできない

「コストダウン」と口にするからには、数字に強くならなければなりません。業務の改善活動を引っ張っていく人が数字に強いか、弱いかはすぐにわかってしまいます。

上司が「コストダウン」と叫んでも、当人が数字に弱かったら部下は信用しません。数字に弱い上司の説明など、部下が納得して従うわけがないのです。それでは掛け声だけで終わってしまいます。

やはり数字に強い上司だと思われてこそ、コストダウンに向けて皆がまとまっていけるのです。私も数字に強いおかげで、数々のコストダウンを実行できました。

中学1年以降、私は数学では人に負けたことはありません。他の成績の良かった友人たちが99点、98点だったなかで、一人だけ100点を取ったことがあります。先生が答案用紙を返すときに「よくやった」と褒めてくれたときは、嬉しくてたまりませんでした。

そうすると、「きょうは数学、こんなの習った」と家族にも伝え、復習・予習をするようになり、ますます数学が楽しく、数字に強くなるのです。私の子どもたちには、高校までは全部私が教えました。

実は、コストダウンも復習・予習が欠かせません。それだけ経営と数字を勉強しないと、思うような結果は実現できないのです。

私は、食品加工会社の東京工場で工務を5年経験し、次に前にいた兵庫の工場の工務に戻りました。その後、責任者としてマヨネーズラインと割卵、その他の業務用ラインを担当しました。

割卵の業務は延べ13年くらい行い、私が15歳から担当してきたいろいろな仕事のなかでは、誰にも引けを取らないものになっていました。そこから学んだことは、問題発見のための細分化による分析はもとより、歩留まりの向上、無駄を省くこと、コストダウンなど、たくさんあります。

大切なことは、これらがすべて有機的につながっているということです。ですから、一つ一つの業務について、どれ一つとして決しておろそかにしてはならないのです。

当時、会社自体が教育熱心でした。全国の工場から研修センターに社員が集まり、2週間くらい缶詰で、毎日朝8時から夜10時まで講義を受けるのです。それは、まるで責め立てられるような厳しいものでした。

講義が終了すると、テストがあります。この研修が年2〜3回もあるのですから、「また来たか」という感覚です。しかし、それがあったからこそ、その後、他の会社に行っても基本的なことはすべて通用したのだと思います。そういう面で、その会社は人を育てる精神がすごかったな、と感謝しています。

やはり企業は人材を育てたいと考えるならば、教育に力を入れなければならないのは基本なのです。

仕組みと意識向上で歩留まりアップ

関東のある工場で行ったコンサルティングの例です。

温泉卵の歩留まりが安定しない月があり、担当者が会議で「〇日は86％で悪かったけど……」と説明しました。なんとも心許ない発言です。私はすかさず、「では、その日に流した個数を教えて？」と質問しました。

すると、何と「わからない」という返事が返ってきたのです。「できた製品の個数は？」と聞いても、答えは「わからない」。「じゃあ、86％という数字はどこからきたの？」と畳み掛けましたが、「なんとなく」と返事するのがやっとです。

呆れてしまいましたが、それが実態だったのです。私は、「わかった。いままではそれでしょうがない。しかし、明日からは流した数をきちんとチェックしよう」と指示しました。

卵を受け入れたときの個数と重量をきちんと量り、次の日からボイルにかけるので、保管したときの温度を記録しました。ボイルをかけるとき、チェックしてお湯に入れるので、その際に出る不良をできるだけ少なくなるようにしました。

すると、次の日に破卵があったので、私は担当者に「これはどこの責任なのか？　温泉卵の部署の責任？　それとも選別をかけているGPセンターの責任？」と聞きました。答えは「GPの責任だ」というもの。

さっそく、GPセンターの破卵検知器をチェックすると、十分に機能していないことがわかりました。メンテナンスをしっかり行う必要があります。そういうところまで追求していくと、入ってくる卵の不良がなくなって歩留まりが高くなるのです。

次に、ボイルするときの温度、時間を記録するようにしました。また、温泉卵の冷却は空冷で行うので、そのときの温度と空冷開始・終了時間もチェックすることにしました。それで「目標は当面、とりあえず90％でいこう」と決め、一つ一つ着実に業務をこなしていくようにしたのです。すると、歩留まりは95％を超えるようになりました。「それなら今度、思い切って99％でいこう」ということになり、アドバイスしながら継続していくと、1ヵ月で一気に99％を達成したのです。

それまでは、破卵があると、それを捨てるだけで何の疑問も抱かずにきました。受け入れた重量も、途中から供給したものも、入ったときにチェックしていなかったので、状況がまったく把握できていませんでした。コストダウンの意識もなく、歩留まりの大切さも認識しないで、ただ見かけ上だけで86％とか88％の数字を出していたのです。

歩留まりを上げていくというのは、どういうことなのか？　私がそんな基本的なことを一つ一つ教えていくと、担当者は生き生きしてきました。しかも、99％を達成したのですから、会社から報奨金が出るようにしました。

コストダウンが達成できたら、その削減額の一部を社員や従業員に還元していく。これを実行すると、業務の改善活動が継続するようになります。食事会を開き、面白い景品を出したりして盛り上げ、皆に喜んでもらうのも一方法です。

原因分析から問題解決を図り、歩留まりを上げてコストダウンし、皆で喜ぶ。そういう仕組みさえつくれば、従業員の意識が向上して、さらに業務改善のサイクルが上手く回っていくようになるのです。

改善の土台づくりに全力を尽くせ！

組織としては、稟議制度も踏まえ、下から上にあげたら必ず返す仕組みづくりが大切です。ところが実際は、稟議が上がってくると、責任者は言葉では「すぐやる」と言うものの、忙しいからか、下に返答しないまま時間が経過してしまっているのです。

ある会社では、いま述べたようなことが社内に蔓延していました。その結果、せっかくの現場からの報告や提案も、なかなか行動に結びつかないので、今度は従業員が稟議を上げる回数が少なくなってしまったのです。これでは悪循環で、改善活動が上手く回っていきません。

実は、稟議制度が上手く機能するかどうかの鍵を握っているのは、部課長クラスの中間管理層です。経営層はあまり認識していない面がありますが、中間管理層が組織を牛耳っている傾向が強いのです。

彼らが、暗に稟議を上げることを嫌うと、部下は問題を起こしたくないので、稟議を上げようとしなくなります。では、なぜ中間管理職は稟議を上げることを嫌うのかというと、端的に言って仕事が増えて忙しくなるからです。

忙しいという理由で組織の要が機能しなければ、業務の改善をしようにも、上手くいかないのは当然です。従業員は、社内で問題点を見つけ、自分の考えが正しいと思うなら、稟議を上げていくべきです。そして、何よりも中間管理層の意識改革を図って、稟議を上げやすい雰囲気をつくっていくことが重要になります。

組織の機能不全の状態を打破するには、とにかく目標を掲げ、行動を促すようにします。たとえば、従業員に「歩留まりの目標は85%だけど、達成はいつ?」と問いかけ、答えを発表させます。現場が行う業務の改善活動を手助けするために、巡回で観察したことに基づくアドバイスをしたり、計測したデータを示したりします。

一方で、稟議をどんどん上げていくように発破をかけます。稟議が承認されないようだったら、とにかくすべて会議にかけられるようなシステムにします。

まずは、上がってきた報告や提案に対して、きちんと返してあげるという当たり前の風土づくりが必要です。

次は、ある会社のある日の会議議題です。

①GP工場（卵の格付け包装施設）

・パックの不良枚数をカウントしてロス金額を試算

・稼働率の推移途中経過

・原料卵の受け入れデータにもとづく入荷状況

・原料卵に含まれる規格外卵のマニュアル化

・農場への指導要綱の作成

・格外卵の推移と改善

・格外中の正常卵混入率の把握及び改善状況

・オートパッカー（洗卵選別機）の停止明細

②割卵・加工チーム

・割卵歩留まり状況推移

・歩留まりテストの結果

・ポリ袋、バケツ内の残量チェック

・生産性の向上：200kg／時にするための施策

・加工の不良率改善状況推移

・能率の追求

以上のようなテーマを、各係の担当者から発表してもらいます。数字を使って細部まで報告をしてもらい、その進捗状況を一つ一つ確認していきます。

改善への取り組みを継続できる土台ができるまで、同じことを根気よく繰り返していかなければなりません。

自発的にできるようにするには、どうしたらいいのか？　いろいろな相手とのやり取りのなかで、押しては引いて硬軟取り混ぜながら、人を動かしていきます。

だから、どうしてもある程度の期間が必要になります。現場のデータも、すぐ状況を把握できるものもあれば、一定期間の時系列で読み解かないと意味がわからないものもあります。

こうして、最初から目標点までそのプロセスを見ていくと、確実に変化が現れてきます。

一般的に、経営者自身が表に出て指示したり、自分の眼で確認したりし続けることは困難です。だからコンサルタントが代わりをするわけですが、どの経営者も共通して要望するのは、「しつこいほど、社員に言いつけてくれ」ということです。

仕組みを定着させることを強く望んでいるからこその発言だと思いますので、私は改善を継続できる土台づくりに全力を尽くしていきます。

私がどの会社でも、とくに力を入れる業務改善の一つは品質管理の強化です。品質検査に少しでも緩みがあり、見落としが生じ、不良品が外部に出てしまうと、多大なロス、クレームになってしまいます。

そうならないように、普段から事前の対策を講じるようにすることが必要です。ですから、すべての部署で品質向上とクレームゼロを目指すようにします。クレームは工場や営業ばかりでなく、どこでも発生する可能性があることに、改めて注意することが肝要です。部署によって起こり得るクレームの主なものを、次に列挙します。対策の参考にしてください。

- **営　業**：客先トラブル（言葉、挨拶など、すべて含む）
- **事務所**：電話の応対、受注ミス、発送ミス、支払いミスなど、すべて含む
- **配　送**：トラック事故（人身、対物）、積み忘れ、遅納、誤納、客先トラブルなど
- **工　場**：割れ、汚れ、菌数、製造ミス、日付ミス、資材ミスなど

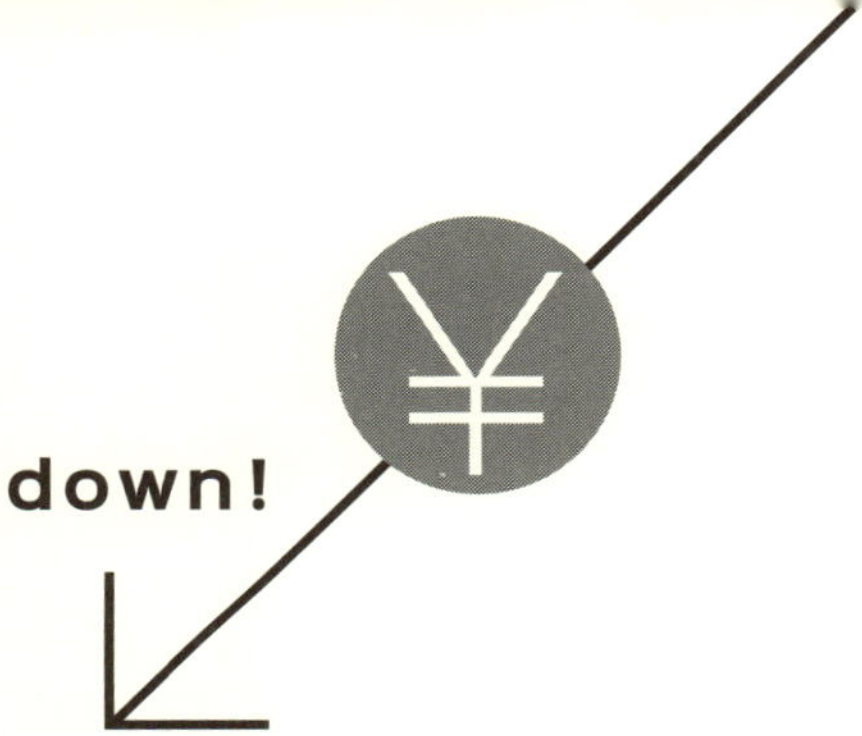

第5章

経営者なら知らないと困るリスクマネジメント

たとえ小さな問題でも決して見逃さない

駐車違反は、どうして厳しく取り締まられるのでしょうか？　たった1台くらい、ちょっとの時間、道路を塞いだって、そんなに邪魔にはならないようにも思えます。駅前の銀行に行って、ＡＴＭでお金を下ろすだけだからと、駐車する。それは、自分では危険なことではないと思っているからですが、本当はそれで事故が起こる可能性がどれほどあるかわかっていないのです。

①1回の大きな事故の背景には、必ず29回の「ヒヤリ・ハット」（ヒヤリとしたり、ハッとしたりすること）がある。

②その前には、無意識のうちに流れている事故の芽が３００回ある。

これが「３００：29：１」という「ハインリッヒの法則」です。駐車違反がまさにそうで、３００回違反行為をしていると、29回ヒヤリとしたりハッとしたりすることがあり（ヒヤリ・ハット）、それが1回の大事故につながるのです。

クレームも一緒です。卵でも、どんな商品でも、お客様に出す前にクレームになる異常に気がついたりします。それは氷山の一角であり、その裏には大きな問題が隠されているのです。

だからこそ、クレームになる前の、300個の小さな問題のうちに気をつけて、少しでもおかしいと思ったら必ず報告しなければいけないのです。

私もそうでしたが、朝礼などでずっと言い続けなければならないことです。「ハインリッヒの法則」や「ヒヤリ・ハット」を踏まえて、ちゃんと心の準備をしておかなければいけません。それが「危険予知トレーニング」（KYT）になります。

たとえば、食品工場でなかなかなくならない異物混入も、常時発見されるわけではありませんが、何かのときにそういうことが起こるのは、その背景に小さな問題がいくつも隠されていたことの結果です。

機械はたくさんのビスで組み立てられていますが、振動や熱変動で緩んで外れることがあります。外れて落ちたら、それを異常だと認識して問題視しなければならないし、1つビスが落ちていたということは、同じように振動している周囲でもビスの脱落が起きている可能性があるということなのです。

ですから、ビスが1個落ちているのを拾って、「発見できてよかった」と済ませて終わらせるのではなく、周囲も十分に点検しなければなりません。

こうした問題意識をきちんと持つ必要があることは当然ですが、何よりもリスク管理としては、ビスはよく落ちるということを認識したうえで、1つでも落とさないための対策を講じるようにすることが重要になります。

正しいことをきちんと行うことが一番の近道

食品業界では時々、産地偽装が大問題となって、マスコミを賑わします。しかし、同様の問題はいくらでも起こり得る背景があるのです。

指定産地のものが100個しか手配できないのに、客先から「200個持って来い！」と強く言われたとします。しかし、どうしても手当てができない。断り切れずに困り切った担当者は、違う産地のものを足して持って行く。これは産地偽装になってしまいます。

では、指定の品物が揃えられなかったら、どうすべきなのか？　品物が足りないのであれば、勇気をもって欠品にするしかありません。お客さんから厳しく「持って来い」と言われようが、叱られようが、とにかく「申し訳ありません」と理由を言って断らなければ駄目なのです。

こうした場合の対応は、次のように考えます。

①欠品にして断ったうえで、では増やすためにどうするかを考える。
②代替品を提案する。
③増えたときに、その分を供給する。

担当者が断りきれず苦し紛れに、あるいはわからないだろうと心の片隅で考え、産地偽装を行う。たまたま発見されないで済み、次もそうやってしまう。何回も行っているうちに麻痺してしまい、何かのきっかけで隠しきれなくなり、大問題化する。

このパターンは大体決まっていて、結局、会社の命取りになってしまう。これまで大企業でも、繰り返されてきたことです。

それでも産地偽装に類するものはなくなりません。業種が違っても、似たようなことが起きています。その悪弊を絶つには、前述したように、勇気を持って断るしかありません。

それが正しい行為なのです。

さまざまな種類のクレームも、対応を間違うと大問題化しかねません。日付の間違い、臭い、殻混入、シール不良、殺菌不足、虫混入（ハエ、蚊）、ラベル違い、印字のかすれ、備品やピンセット、オタマなどの混入、容器の汚れなど、クレームの種はいくらでもあります。不注意による見逃しでは、済まされないのです。

大きなクレームが発生すると、その後の対応のためにいろいろなルールを決めたり、対策を強化したりします。お客様に対しては、「担当者を1人増員します」とか「そこをちゃんと見てやるようにします」と、一筆書いたりするのです。

ところが、少し時間が経ってほとぼりが冷めたころになると、注意が守られなくなり、対策が緩くなったりしてきます。また同じ事故を起こしかねないのです。なぜ対策が継続しなかったり、定着しなかったりするのでしょうか？

上司にいい報告をしたいといった担当者レベルの問題もありますが、やはり根底には企業の儲け主義の姿勢があるように思います。

問題解決への一番の近道は、正しく考え、正しいことをきちんと行うリスクマネジメントを確立し、その継続と定着を図っていく以外にはありません。

ラインをすぐ止める勇気を持て

リスク管理で大切なのは、情報が下からきちんと上がっていく仕組みです。情報が上に伝わってこないと、判断のしようがないのです。

異常が発見されたら――、

①まず、商品を外に出さないためにどうするかを判断する

②商品が出てしまったら、お客様に届くまでにいかに止めるかに全力を尽くす

――必要があります。それを怖がってはいけません。

ここで判断ミスをすると、取り返しがつかなくなります。物事は正直ですから、誤魔化すことはできないと思わないといけません。今日は誤魔化せても、先々は誤魔化せない。

こうしたことは、大手になるほど認識されにくく、会社存続の危機さえ招きかねない状態に陥ってしまうので、怖いのです。経営者なら、コストダウンばかりに目を奪われていては失格で、リスク管理も重要な職務の一つです。

繰り返しになりますが、もし品質に関わることで異常が発見されたときは、客先に商品が届く前に工場内でストップをかける勇気が必要なのです。

ところが、その勇気を出すことが一番難しいのです。商品が出る寸前、あるいは出てしまっていたら、とくにそうです。

もしかして問題にならないかもしれない、表面化しないかもしれないので、余計に迷うのです。それでも勇気を持って客先に伝え、諸事情を話して商品を使うのをやめてもらわなければいけないのです。

これまでも、いろいろな食品会社の不祥事が表面化して、社会から批判を浴びました。それなのにどうして、瀬戸際で回収できたはずのものを商品としてそのまま出してしまうのでしょうか？　それは多くの場合、儲け主義から、莫大な利益が失われること、補償金を支払わなければならないことを恐れるためです。

ですから、普段の冷静なときに、そういう事故が発生した際の仕組みをきちんと整えて、ルール化しておく必要があります。製造しているライン上で異常に気づいたら、すぐ止める。10本、20本、１００本流れているかもしれませんが、止めれば損害はそれだけで済むのです。

ところが、その判断が遅れてしまうと、止められないまま1日分が出来上がってしまいます。必ず問題になるというわけではないので、現場責任者が言おうか言うまいか迷い続ける。そうこうしているうちに手遅れとなり、それが明らかになって大問題になるのです。

一瞬の躊躇が命取りになってしまいます。「ラインをすぐ止める勇気を持て！」――それに尽きるのです。

原因がわかるまで全数検査もいとわない

製品の上に貼るラベルの巻き取り装置に付いているピンが、見当たらないことがありました。機械のビスが落ちることがあることは前に述べましたが、こういうことはよくあることです。

誰かがどこかに持っていったのかもしれませんが、もしそれが製品に落ちたまま出荷されてしまい、お客さんに届いたら「なに？」と大変なクレームになります。そういうことに気づいたときにどうするか、なのです。もちろんストップです。

製造したとき刻印される日付が、たまに間違っていることがあります。ラインの人が気づいたら、ライン長か工場の責任者に申し出て「間違いです」と、しっかりと言わなければならないのです。そうすると、ラインはどこかで止まるのです。

それなのに、「どうしようか」と迷い、上へ報告している間も止めないままにする。どんどん作られていくので、大変だと慌ててしまい、ますます「黙っておこう」となる。結局は、これがクレームになって、後々工場や販売、会社全体の足を引っ張ることになってしまうのです。

冷凍品を製造していたときの経験です。

冷凍品を缶に詰め、蓋をし、凍結して、最後に使っているオタマや布巾、アルコールなどの数をチェックしました。その最終段階で、オタマがないことがわかりました。たまたま、そのときの責任者が私だったのです。

パレットごとに製品を作っていて、朝から1時間ごとにチェックしているので、時間を遡っていくと何時の時点ではどうだったかがわかる仕組みになっています。最後の時間帯から点検していきましたが、昼の時間帯でも発見できませんでした。

「おかしいじゃないか。これは誰かが持って行ったんだ」と言う人もいましたが、私は「そうじゃない」と否定しました。そうした曖昧なことで、過去にいっぱい失敗しているからです。

発見するまで全数検査をするつもりで、朝の時間帯までどんどん遡っていきました。そうすると、朝9時台の製造分の中からオタマが出てきたのです。もし途中で探すのをやめていたら、お客様に出荷して、会社の信用が丸潰れになるところでした。

チェックをしている間、ラインは止まってしまうかもしれませんが、異常を発見したら、そのことをすぐ告げる勇気が必要なのです。

私も過去に何回も判断に迷うことがありましたが、異常だと思ったら全数検査をやらないといけないのです。皆残ってやらないといけないので嫌がりますが、それでもやらなければいけません。

ミスを見逃したことによって大変なことになるという事態を一回でも味わうと、皆次から異常の報告をするようになります。しかし、次第に「お客さんから言われたら、すみませんと謝ればいいいか。謝罪文ですませようか」と気持ちが緩んでくるものです。

人にそういう気の緩みがある限り、永遠に異物混入のような問題はなくならないでしょう。しかし、なくならないからこそ、ミスがあったら、正直に報告する勇気が必要なのです。

油断大敵、何が何でも手を抜いてはいけない

基礎の杭に欠陥工事があり、マンションが傾くという大変な社会問題がありました。担当者が工期に迫われ、データを流用したためと言われていますが、どうも業界では構造的に慣行化していたようです。

担当者は気が弱く、ずっと悩み続けていたかもしれませんし、あるいは5年後、10年後に発覚しても、「もう俺はいないから」「俺だけじゃないから」と、甘く考えていたのかもしれません。

もし私がその立場なら、これまで仕事で蓄積してきた経験を踏まえ、工期が遅れようが、ひどく怒られようが、「じゃあ、手を抜いて大変なことになったら、その損失はどうするのか」「それで問題が起きたら、責任は私が取る。私をクビにすればいい」とスパッと言

うでしょう。そのくらいの覚悟はあります。そこで問題の根を自分なりに断ち切らない限り、永遠に苦しんで後悔し続けるだろうとわかるからです。

まったく、問題の性質が違うかもしれませんが、私にも責任をとって愛着のある会社を辞めた経験があります。部下が起こした問題で、成り行き上仕方なかった面もありますが、責任者としてそれなりの決着をつけざるを得なかったのです。

問題の発端は、真冬の2月に冷却設備が壊れたという報告でした。現場に行き、水の中心温度を測ると4℃です。マニュアルには7℃以下で循環させるとなっています。

そうすると4℃の水をオーバーフローさせたら間に合います。90分循環させて冷蔵庫に入れるとなっていました。それで、あとは品質の確認をやれば、事足りたのです。

また工務がメンテナンスで冷媒を追加し、当時はフロンでしたけれど、冷却能力を高めるようにしていましたので、問題はありませんでした。

品質管理室にも連絡して、最終品質確認も取れました。それで、継続して出荷していき、あとで何かあったときの抑えのために検査をすればいいという判断でした。

ところが、今度は7月に同じ問題が起こったのです。7月なので気温が高い。しかし、部下の担当者が当時の2月の処置が頭にあって、水道水で90分オーバーフローさせてしまいました。

「その処置で問題なかったのかい?」と私が尋ねると、部下は「故障したので、水道水で冷やしました」と言いました。「なんで連絡しなかった?」と、私は聞きました。すると、部下は「2月に水道水で冷やしたので、問題ないと思って、同じようにやりました」と答えたのです。

私は、問い返しました。「2月といまは違うだろう。2月の水道水の温度は4℃、いまの水温は24℃。この20度の差は大きいぞ」と。

部下は、中心温度を測らないで冷蔵庫に入れてしまったのです。賞味期限2週間で、そこから出ていくときに大問題が起こりました。

2月だと温度は低いので、通常の機械の水温と同等まで下がります。ところが夏場は24℃で、それより水温が下がることはありません。

冷蔵庫に入れたら周りは冷えるのですが、緩慢冷却なので中心はなかなか冷えないので、そこに耐熱菌が繁殖するのです。家庭の冷蔵庫に温かい鍋を入れてもなかなか冷えないのと同じです。

90℃で90分ボイルをかけると、普通、細菌は死滅します。しかし、耐熱菌は生き残るので、最大限の注意が必要なのです。耐熱菌は、人間で言うと、鎧をかぶってジッと耐えているような菌です。ですから、熱がかかってもなかなか死にません。それが常温に戻ると、一気に増殖するのです。

温度を計る手間を省いたところに、抜かりがありました。決して油断してはいけないし、何が何でも手を抜いてはならないのです。

いずれにしても、結果として全体的な責任から進退伺いを出し、引き継ぎ期間を設けて退職を決意したのです。「こんなもの、おまえの責任になるわけない」と上司には言われました。しかし、人間というのは不思議なもので、言われれば言われるほど、気持ちが固まってくるのです。

15歳からお世話になった、愛する会社でしたし、正直なところ心の底から辞めようと思ったわけでもなかったのですが、自分が当事者の立場に立たされると、責任上、とにかくそうしないといけないという気持ちに突き動かされていきました。

リスクは突然にして襲ってきます。後悔しないためにも絶対に抜かりがあってはならないのです。

ルールさえ厳守すれば、リスクは防げる

誰も皆、生の卵は腐りやすいというイメージを持っていると思います。確かに扱いが悪いと、細菌が一気に異常繁殖して腐ります。しかし、ルールさえ守れば、常温で1ヵ月持ち、冷蔵庫で保存すれば半年は持ちます。

私の会社では、卵かけ専用の商品を作っています。6個入りパックに卵4個と卵かけ醤油を4袋入れた商品です。

スーパーは卵をチルド（冷却保存）で販売していますが、チルド販売も条件を間違わないようにしないといけません。チルドケースは温度が低いのですが、買って持って出て、どこか寄り道し、誰かと話をしているうちに結露が起こる。表面が濡れると、穴が開いている卵の殻の表面から細菌が入り込みやすくなり、腐るのです。

注意したいことは——、

・卵殻表面には細菌がついている

・卵殻表面の気孔の中にも細菌はいる
・乾燥しているとき　○　↓　水に濡らすと　×
・細菌の増える温度は体温と同じ、条件さえ整えば20分で倍になる
——ということです。

卵はワクチンなどの培地として利用されるほどですから、菌を繁殖させる条件が揃っています。つまり、細菌にとって栄養価が非常に高いものなのです。

そういう卵に細菌が入り込んだら、6時間後にはどうなっているか？　細菌は早ければ10分、あるいは20分、30分に1回分裂します。20分に1回分裂すると仮定すると、1個の細菌が20分後には2個、40分後には4個、1時間後には8個になります。そして、6時間後には26万個になっているのです。

こう見てくると、やはり卵は腐りやすくて怖いと思われるかもしれませんが、ちゃんとルールさえ守れば安心なのです。

細菌が繁殖する条件は、水分、pH（ペーハー）、栄養素、温度の4つです。この4つの条件が揃わない限り、細菌は増殖しません。ですから、液卵の世界では、この条件を一つ

でも取り除くことが最大のテーマになるのです。

しかし、栄養素を取り除くことはできません。水分も取り除いたら乾燥卵になって、常温流通させられますが、液卵ではなくなります。そう考えていくと、液卵の細菌増殖を抑える一番手っ取り早い方法は、温度を下げることなのです。

温度を下げれば、細菌が一気に増えることはありません。それを怠って、温度をそのままにすれば、食中毒が起こる可能性もあるのです。

食堂では、卵の厚焼きするのに、卵を割ってボールに入れたままにしておき、お客様が来るとオタマで混ぜます。長い時間、そういう状態にしておくと、危険度が増します。泡だて器を使って一気に菌が増えることもあります。

ですから、処置を速くし、温度を下げることをきちんと踏まえてやれば、問題はありません。作業が終わって冷蔵庫に入れず2時間放置したら、全部廃棄する。そういうことをルール化しておくべきなのです。

昔の人は、もみ殻に卵をちょっと刺しておいて、常温で販売していました。あれは、なぜ持つのか？

もみ殻には保温効果があり、その中は温度が急激に上がったり、下がったりしません。

田舎でも、脱穀したもみ殻が積んであるのをよく見かけますが、中は冬に雪が降っても温かく、逆に夏は炎天下でも温度上昇は抑えられます。

卵で気をつけなければならない一番大切なことは、温度が急激に上がらない、急激に下がらないようにすることです。急激な温度変化が卵にダメージを与え、腐敗につながるからです。

卵の賞味期限は2週間になっています。これは、生食でおいしく食べられる期間で、それ以降は加熱して食べてくださいということを意味しています。卵は、リスク管理の重要性を教えてくれるのです。

業界の長年の慣習を乗り越えよ！

卵は、トラックで低温輸送されています。ただ、あまり温度を下げられません。パッと外に出したとき、結露してしまう問題があるからです。

卵の流通の際、その運搬に使われているのがラックです。

現在、一般的に使われているラックは鉄製です。鉄なので錆びますし、それによる細菌やカビの発生、ペンキのはがれの混入といった危険と隣り合わせです。錆びたラックが流通で使われているのは見た目にもあまりよいものではありません。

にもかかわらず、もっといい材質を使ったラックが開発されたという話は聞いたことがありません。長年、鉄製ラックが使われ続けてきましたし、錆びたらペンキを塗り直せばそれで十分という捉え方です。

私はコンサルタントとして、常々「良いものを出していこう」と言っています。そういう立場ですから、業界の「悪しき慣習」は払拭したいと考えています。鉄製ラックもその一つで、誰も作らないなら自分で作ってしまおうと、ステンレス製のラックを業界で初めて開発しました。

ステンレス製のラックなら、より安全で衛生的、錆びることもないし、きれいに洗浄もできます。

1台で卵が4320個載せられますし、そのままトラックに載せられます。見た目もきれいでイメージもよく、使いやすいのです。

私は、このステンレス製ラックをリスクマネジメントの観点から、卵業界のためにと開

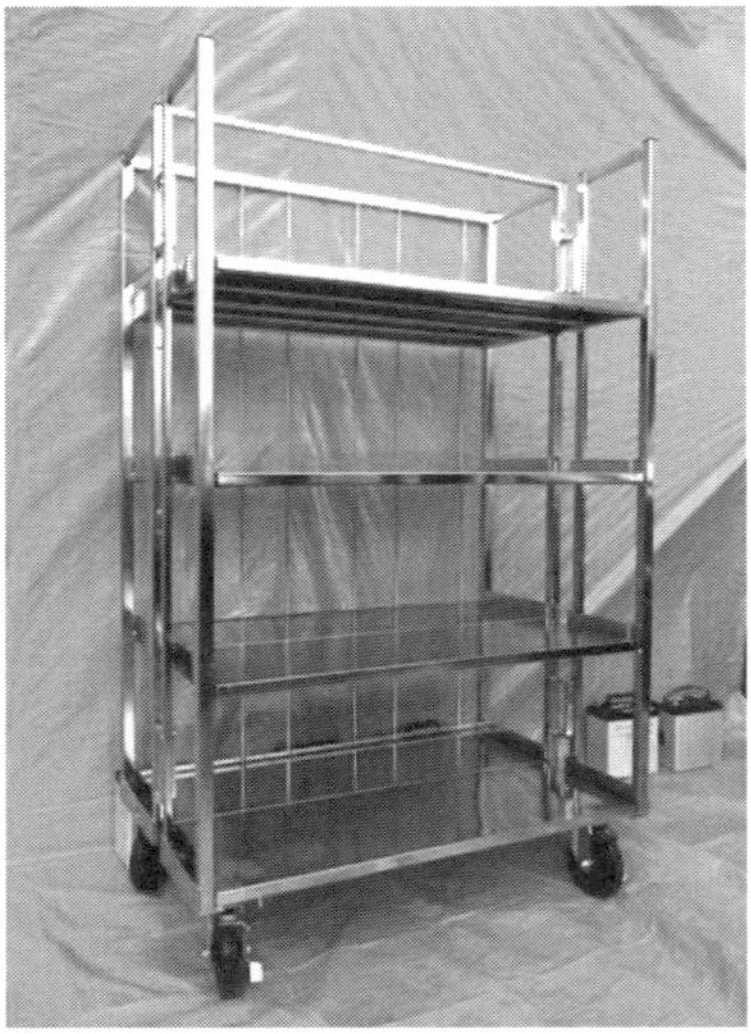

衛生的なステンレス製の原卵用ラック

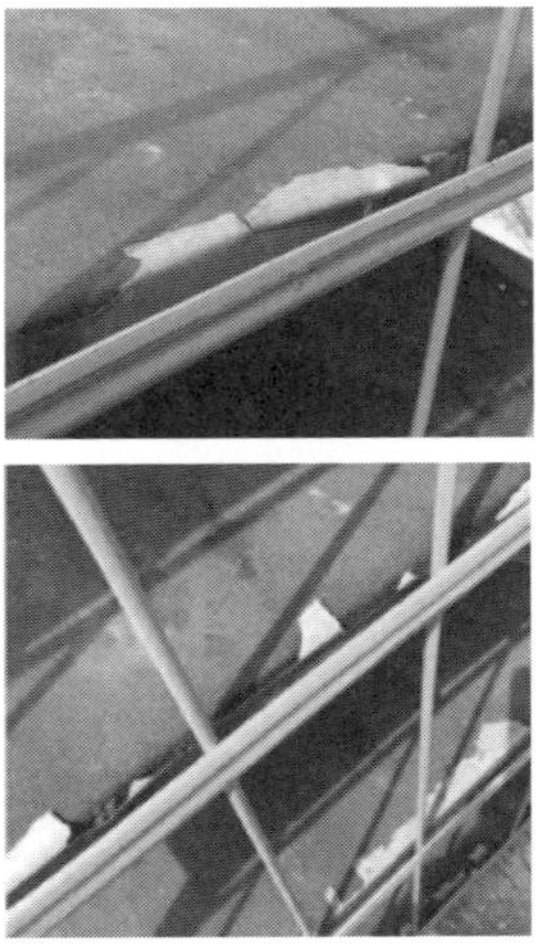

従来の鉄製ラックは錆びやすく、洗浄もできないので、不衛生になりがち

発しました。鉄製だからという理由だけで、避けようとしているわけではありません。事実、これまで鉄製ラックが原因で何か不都合なことが起きたわけではありません。

しかし、もし何か小さな事故でも発生してからでは遅いのです。少しでも業界のイメージダウンになることは、できるだけ避けるようにするのが、リスク管理の鉄則です。

卵工場に行くと、木製パレットが至る所に立てかけてあったりします。古くて汚れていたりしますし、何よりも倒れると危険です。

私は工場指導で、必ずパレットの立

てかけ禁止を呼びかけています。リスクになる可能性のある習慣は、できる限り早急に直していくべきです。

理由なく、習慣的に使われ続けているということはよくあることです。鉄製ラックも、長年使われ続けてきたことに、特段の理由はないのです。であるならば、いずれステンレス製ラックが鉄製ラックに取って代わり、主流になる日が来るであろうと、私は予想しています。

鉄製ラックは、全国で100万台くらい使われているのではないかと見られています。仮にその半分だとしても、約50万台です。鉄は錆びるので、10年で更新しなければなりません。そうすると、1年間に5万台です。

そのうちの半分がステンレスに切り替えられたとして、年間2万5000台です。月に2000台以上になると予測しています。業界の大手が使い始めると一気に普及し始め、業界のリスク管理に貢献できるものと期待しているのです。

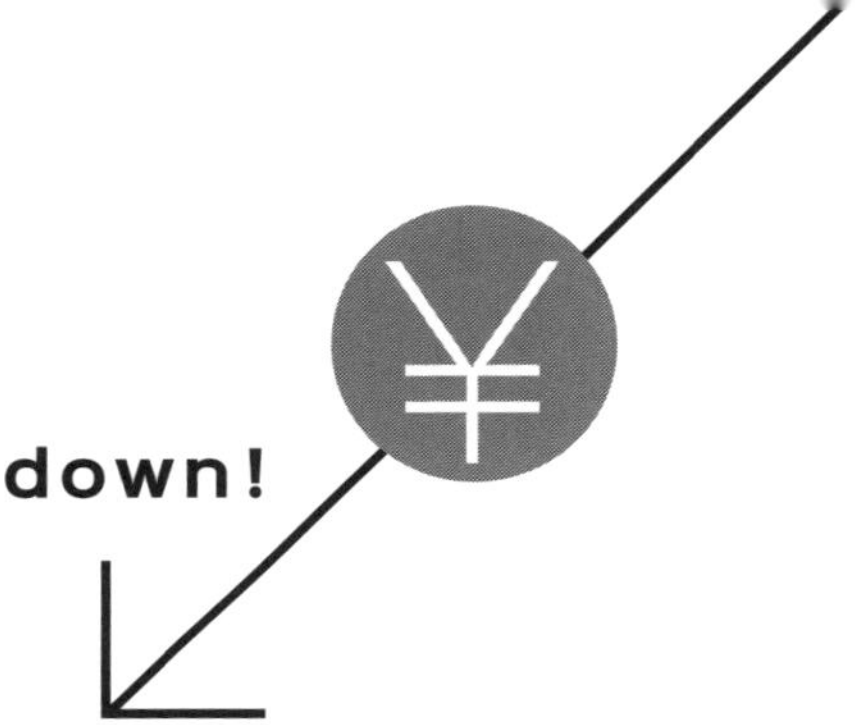

付　章

付加価値商品の開発が会社の未来を切り拓く

ゴールはない、先へ先へと進むしかない

この低成長時代に売上げを右肩上がりにすることがいかに難しいかは、言うまでもないことです。ただ、それを時代のせいにばかりして、手をこまねいていては経営者失格です。私はどのような仕事でも目標を掲げ、それを数字にします。ですから、売上げが右肩上がりにいかなくとも、将来への展望をグイグイと切り拓いていく目標だけは、右肩上がりに設定します。

そういう意味では、私たちは事業や商品に付加価値を付けていくのが使命だと考え、そうであるなら目標は無限に開かれていると捉えています。誰かがここまでと、ラインを引いてゴールを決めているわけではありません。

どんどん付加価値のあるものを企画開発して、先へ先へと進んで、時代の荒波を乗り越えていかなければならないのです。

私自身も未来志向で付加価値のある新しい事業を手がけており、前述したステンレス製ラックの開発・販売もその一つです。

もう一つの事業は、卵工場や養鶏農場の設立のサポートです。まったくゼロの状態から事業の立ち上げまでを支援します。

農場建設は、鶏卵生産会社時代に一から手がけた経験があります。この分野での専門家は少なく、予算算出、図面作成、業務指導、設立計画書の作成など、私はそのすべてを行えることが強みだと思っています。ですから当然、コストを大幅に抑えることができ、工期も短期間での建設が可能です。

今度、新しく養鶏農場を建設するプロジェクトも支援します。開発申請から始まって開発工事、建設完成まで全部クリアしていかないといけません。環境アセスメントの基準に合う設備も揃えます。

大量の排水処理が大切なのですが、すべて処理する必要はなく、コンパクトにできる工夫をします。割卵工場やGPセンターで流す水は全部、排水処理できます。その水をきれいにして、いったん配管を通して鶏舎の排水処理設備に戻し、上から散水するという循環型です。また屋根への散水や掃除の際の利用など、水の有効活用も目指しています。

このプロジェクトは大規模で、非常にやりがいを感じています。

また現在、海外から卵を輸入するプロジェクトを進めています。液卵や冷凍卵をつくる技術指導を、私が担当します。

事業のヒントは意外なところに隠されている

2年ほど前に、人気のある大衆食堂に初めて入った際、家族に勧められて看板メニューの一つである卵の厚焼きを注文し、それなりにおいしくいただけました。しばらく日をおいて、また食べる機会があったのですが、前回と味が違うことにすぐ気がつきました。大手食品会社で店舗開発も経験してきた職業柄、前回の味がインプットされていたようで、塩分が余分に入っていることがわかりました。

卵の厚焼きに限らず、オムレツなどもそうですが、卵を使ったメニューは液卵を仕入れ、そのつど、塩分や味醂《みりん》を混ぜて調理しています。もちろん、いちいち濃度を測って同じ配合で調理しているわけではありませんから、おいしいからといって同じ食堂で食べても、味が違ってくることはあります。

ただ、それにしても、あのときに食べた卵の厚焼きはちょっと味が違いすぎていました。

と、そう感じたとき、ひらめくものがありました。一般消費者から事業家へと、私は見事に早変わりしたのですね。ひらめきとは、事業のヒントです。

「味が違います」。私は食堂のオーナーに、そう切り出していました。

「いつどこで食べても、同じ味だということを踏まえて、やっていかないといけないのと違いますか？」

もちろん、そこで終わってしまっては、単なる消費者の言いがかりにすぎません。しかし、私にはちゃんと提案するものがありました。それがお店の味に合わせた液卵です。

液卵は長年、業務用として取引されてきました。しかしそれだけでは、これからの時代を生き残ることはできません。何か付加価値をつけた商品開発をしなければ駄目だ。そんな問題意識を持っていたからこそひらめいたのが、あらかじめ味を調合した液卵でした。

その液卵の交渉を1年がかりで続け、やっと採用が決まりました。大量に仕入れる計画ということで、私も気合いを入れ、委託工場とも段取りを組んでスケジュールまで決まったのです。ところが、いざ蓋を開けてみたら、思ったほどの量に届きません。

がっかりしましたが、価格などまだ詰めが甘かったようで、仕切り直しで再スタートです。お互いに十分にやる気があり、展望性のある事業です。少しずつ量が増えていき、かなりの量まで達成できる見込みです。

製造能力と冷凍能力のある工場の手配が決め手で、しっかりした仕組みをつくっていかなければなりません。どのようなリスクも乗り越えて、希望に燃えている最中です。

あのとき、一消費者として卵の厚焼きを食べて、ひらめくものがなかったら、この事業は存在しませんでした。事業のヒントは意外なところに隠されているのです。

商品企画、用途開発で攻めまくれ

一般の方はあまり気がつかないかもしれませんが、スーパーで販売している卵は、年間イベントに合わせて企画開発された付加価値商品として、各メーカーから販売されているものがあります。新春おめでとう卵、お雛様祭り卵、入学・合格卵、こどもの日卵、鯉のぼり卵、夏祭り卵、秋祭り卵、クリスマス卵などが、それです。楽しいデザインのパッケージの、特別価格で提供されます。シーズンごとに切り替えて販売されるので期間限定です。そういう意味では、他の商品と変わりありませんし、需要を喚起するためにメーカー間で、厳しい競争を繰り広げます。

みかんの果皮を餌に配合した卵、同じく柿の皮による卵、マイナスイオン水で飼育した鶏の卵、スモーク卵などもあります。これからもスーパーの店頭を賑《にぎ》わせ、また食卓を楽しませるさまざまな卵が企画開発されていくことでしょう。

問屋など流通チャネルを活用した用途開発も、積極的に行われています。たとえば、小麦粉や砂糖などを販売している問屋さんに、液卵を扱ってもらっています。お菓子やパンをつくっているお店がお客さんなら、液卵も一緒に買ってもらえる可能性があるからです。最初は液卵の扱い方や売り方がわからないので、販売店向けの勉強会を開いたりしています。養鶏場から始まってGPセンター、割卵工場など、卵の生産システムそのものから学んでいただきます。

こういう機会を利用して、卵業界の若手自身が勉強をし直したり、営業企画でわかりやすい説明ができるようなプレゼンの研究をしたりするのです。

私自身にも、忘れられない経験があります。かなり昔になりますが、コンビニの本部で初めて液卵のプレゼンを仕掛け、用途開発に成功したのです。今ではコンビニに当たり前のように並んでいる弁当など、卵を使った食品です。

で、なぜそれが忘れられないかというと、大阪の本部で行ったプレゼンの際、営業担当者が手違いで30分時間を間違えてしまったのです。先方の担当者は「遅刻。帰って」とえらい剣幕ですが、とにかく頼み込んで10分だけ時間をもらうことができました。ところが、今度はプロジェクターが動かなくなる失態で、本部の人も呆れ顔です。

しかし、プレゼンが始まると、皆さんの表情が変わりました。俄然興味を持っていただき、質問攻めに合い、当初の予定だった30分をはるかに超える1時間20分が瞬く間に過ぎました。プレゼンは大成功だったのです。

そこから一気に売上げを伸ばすようになり、私たちにとって新しい付加価値商品がコンビニに並び始めたのです。

卵にいかに付加価値をつけて業界の発展に寄与していくか。これが、業務改善で現場に立つ一方で、営業面で新展開を図っていかなければならない私に課せられた使命でもあるのです。斬新な商品企画、販路を切り拓く用途開発。将来への展望を持って攻めまくらない限り、企業は生き残れないのです。

最後に、ゆで卵の話をして、本編の筆をおくことにしましょう。

通常、ゆで卵をつくるには熱湯か蒸気でボイルします。その場合、卵は生まれてから1週間程度置いたものを使います。主婦の方ならご存知と思いますが、新鮮な卵をゆで卵にすると、殻をむいたときに卵白がボロボロにはがれ落ちてしまうからです。

これに対して、ボイルする際、通常の蒸気に追い熱をかけ110～150℃という高温にした「加熱蒸気」(白い煙のように見えるものが透明になった状態)を使うと、熱が一気に中心部まで入り、生まれたての新鮮な卵でもきれいに殻をむくことができます。しかも、美味しい。ボイル時間も、熱湯や蒸気ならMサイズの卵の場合、95℃で15分30秒かかるのが、加熱蒸気なら8～9分ですむ。能率的には3分の1です。

もちろん、農場から入荷した新しい卵をそのまま使えるのですから、在庫管理の手間も省けますし、在庫スペースを確保する必要もありません。また、新鮮な卵だから、黄身が中央の見た目にもきれいなゆで卵になります。

加熱蒸気を使ったボイルは、私が以前から考えていたものですが、ゆで卵一つとっても、知恵を働かせれば、より能率・効率よく、しかもきれいで美味しいものが作れるのです。「業務改善」は、工夫と努力の結晶から生まれるということの証左ではないでしょうか。

おわりに

食品工場の業務改善、なかでもコストダウンについて述べてきましたが、読まれて少しでも業務にお役立てられたら幸いです。卵業界一筋でやってきましたので、卵独特のGP工場や割卵工場での経験が基になっています。

しかし、そこでの改善への取り組みは、どの食品工場でも他の業種の工場でもかなり共通したものが含まれているように思います。

何よりもコスト意識をもって無駄やロス、クレームを撲滅して利益貢献するというミッションは、どのような業界や会社でも不可欠です。そこで培った手法や鉄則は、必ずや活かされると確信しています。

私は、大手食品会社と鶏卵業界大手のイセ食品株式会社の勤務を経て、現在の食品のコンサルティングを行うようになって8年が経ちます。2社とも愛着の強い会社で、できれば続けて勤務したかったのですが、いろいろな偶然が重なりました。最初の食品会社の退職に至る顚末は本文で述べたとおりです。

鶏卵会社のほうは、定年後もお世話になるつもりでしたが、たまたま59歳のときに妻を亡くしました。あと4、5ヵ月で定年の60歳を迎えるときで、妻と最後にいろいろ話し合いをしたのです。

私は20年間、単身赴任を続け、兵庫にある家庭を支えてきましたが、お金や生活に不自由のないように二人で役割分担を決めてやってきました。

妻は、私が一人で大変な思いをしているのは知っているので、定年退職しても生活に困らないようになっているから、戻ってきて子どもや孫とゆっくりしてほしいというのが、彼女の遺言だったのです。

それで会社勤めを辞めて、妻の希望どおりに家に戻ってきました。しかし、我々のような団塊の世代は、安穏に日々を過ごしてじっとしていることなど耐えられません。それで、会社をつくろうと決心しました。

どういう会社にしたらいいかと考え、これまで歩んできた足跡を振り返ると、やはり卵業界に恩返ししなければならないと思い立ち、食品関係のコンサルティングを行うことにしたのです。幸い、あちこちの会社からオファーをいただき、業務改善で良好な成果を得られながら、あっという間に8年の歳月が過ぎてしまいました。

遥か昔に想いを馳せると、世間のことなどまるで無知な15歳で就職した自分が甦り、これでよかったのだとしみじみと実感できます。

周りの社員は高卒や大卒、大学院卒で、私が一番年下でした。彼らと私と何が違うか。彼らは3年間余分に高校で学び、大卒は7年余分に学んだ。自分はその分を実社会で人一倍学び努力してきたから、仕事では絶対に負けないという揺るぎない信念が心の底にあったのです。

中卒という一番下からスタートせずに、高校や大学を出て社会に入っていたら、いまの私はないと思えるのです。だから、私は、親への感謝を決して忘れません。

私の好きな言葉は努力です。努力さえすれば、誰にも絶対に負けることはない。これが私の究極の人生観です。

若いときに会社の近くのボウリング場に通いつめ、家に帰っても練習をして、そのボウリング場でパーフェクトボウラーとして表彰されました。プロにも負けないスコアでした。

私はいまでも100mを15秒台で走れます。息を吸うとスピードが落ちるので、パッと吸って一呼吸でゴールを駆け抜けていきます。この疾走感がたまりません。

残りの人生を一瞬のうちに駆け抜けていく決意です。鶏卵農場建設、海外での卵加工指導、食堂の調理液卵事業、卵運搬用ステンレスラックの製造販売をぜひ成功させたいのです。私は絶対に負けません。読者のみなさんにもぜひ負けないでいただきたいのです。

最後になりましたが、かつてイセ食品で携わった仕事が、現在の私のコンサルタント業、ひいては本書の基本になっていることについて、深く御礼申し上げたいと思います。

当時、伊勢会長からさまざまな難しい課題をいただきましたが、それを成し遂げたからこそ現在の自分があると思っています。

本書のしめくくりに、ひと言「本当にありがとうございました」と付け加えさせていただきます。

2016年3月

株式会社TSK総合企画室代表取締役

吉村末男

コストダウンは社長《しゃちょう》の仕事《しごと》!

2016年 4月18日 初版第1刷
2025年 1月31日 第2刷

著 者――――――――――吉村末男《よしむらすえお》
発行者――――――――――松島一樹
発行所――――――――――現代書林
〒162-0053 東京都新宿区原町3-61 桂ビル
TEL/代表 03(3205)8384
振替00140-7-42905
http://www.gendaishorin.co.jp/

ブックデザイン――――――吉崎広明(ベルソグラフィック)

印刷・製本 広研印刷㈱
乱丁・落丁本はお取り替えいたします。
定価はカバーに表示してあります。

ISBN978-4-7745-1568-7 C0034